PARADOXA ***

Weisheit - Wisdom - Sofia

Vassilios Kotsis

PARADOXA ***

Weisheit - Wisdom - Sofia

Vassilios Kotsis

Inhaltsverzeichnis

Generation Next oder Next Generation

Wie von Beginn der Industrialisierung und dem Zeitalter der Aufklärung eine Individualisierte, technokratische Konsumgesellschaft wurde. Was ist passiert, dass nun niemand mehr jemanden kennen möchte; die Geburtenrate in den wohlhabendsten Ländern auf ca. 1,3 gesunken ist und wir von einer realen „Masturbationsgesellschaft"?! Eine Gesellschaft in der es als chic, normal, gar als absolut notwendig erachtet wird sich selbst und seine Mitmenschen zu verachten, sich selbst zu verletzen, zu betrinken, Dinge zu kaufen, die weder nützlich noch notwendig sind, um diese dann wiederum ungebraucht wegzuwerfen. Eine Konsumgesellschaft, die sich rühmt verschwenderisch zu sein, mächtig, Kinderlos – Ja Impotent !? Wie kam es dazu, dass der Mensch (Anthropos / Homo Sapiens) sich zunehmend ohne Selbstwert empfindet, seelenlos, unzufrieden, psychisch labil, rastlos, obwohl er nun alles besitzen kann und alles verstehen könnte was ihm früher (im zwanzigsten Jahrhundert) verwehrt blieb…? Nach zwanzigjähriger Recherche und nach zahllosen Gesprächen mit Betroffenen stelle ich nun der nächsten Generation meine Analyse bereit in der Hoffnung möglichst viele unnötige Traumatisierungen unseren

Nachkommen zu ersparen, obwohl es mir bereits jetzt als unwahrscheinlich erscheint diesen Kreislauf aus immer wiederkehrenden gegenseitigen Verletzungen zu durchbrechen. Vorab möchte ich auf einen offensichtlichen Trend hinweisen, der nahezu alle Gesellschaftsschichten erfasst hat und das optische Bild der urbanen Siedlungsräume zu durchziehen vermag.

• Die zunehmend kürzer andauernden Liebesbeziehungen zwischen Mann und Frau

• Die zunehmende Überbewertung von Besitz und der damit einhergehende Raubzug
    an der Natur

• Die Geringschätzung von jeglichem Lebendigen, ob Tier oder Pflanze

• Die allgegenwärtige Selbstverletzung (z.B. durch Drogen, Alkohol etc.)

• Tätowierungen als Ausdruck menschlicher Idealität und Individualität

• Die Unwissenheit gegenüber allem und Selbstüberheblichkeit

• Das ausschließliche verwenden von sogenannter Gewaltsprache

(Übertragung, Projektion, narzisstischer Verblendung, Verleugnung, Entwertung etc.)

Und am erschreckendsten und bedrohlichsten die sich ausbreitende Stille und Sprachlosigkeit, das Unverständnis und der drohende Hass. Als theoretisch ausgebildeter, humanistisch geprägter und praktisch arbeitender Wissenschaftler im Bereich der Psychologie und Neurowissenschaften konnte ich Einblick gewinnen in menschlichen, allzu menschlichen Situationen und Kollisionen (Kollusionen vgl. Fromm 1942) ganz gleich, ob im Mikrokosmos der Zwischenmenschlichen „klein" Beziehungen (z.B. Ehe, Freundschaft, Familie, Beruf etc.) oder in zum Teil anonymen Massenveranstaltungen wie Konzerte, Fußballspiele, Demonstrationen, Vollversammlungen etc.

Einleitung

Viele heute in urbanen Ballungsräumen lebender Menschen scheinen sich ihres Wohlstands, ihrer technischen Errungenschaften und der damit einhergehenden Gemütlichkeit kaum noch widersetzen zu können. Es wirkt beinahe so als seien sie überfordert, ja manchmal sogar verängstigt. Nehmen wir die uns zugrundeliegende Altersstruktur im frühen 21ten Jahrhundert als Grundlage für unsere weiteren Überlegungen, so können wir nun nüchtern feststellen, dass die demokratische und numerische Mehrzahl aller in europäischen Großstädten lebender Menschen vor der sogenannten technologischen und digitalen Revolution geboren und groß geworden sind. Alle technischen Errungenschaften, die heute als so selbstverständlich gelten, wie Mobiltelefone, Smartphones, Touchscreen, aber auch die etwas länger zurückliegenden und als praktisch empfundenen Selbstverständlichkeiten des täglichen Alltags, wie Waschmaschinen, Spülmaschinen, Automobile, U-Bahn, Zug- und Flugverbindungen, sind heute kaum noch wegzudenken von der täglichen Routine des städtischen menschlichen Tagesablaufs. Als kritisch und stets skeptisch denkender Mensch, ausgebildet im Fach Psychologie und einer großen Liebe zur Weisheit (Philosophie) verwunderte es mich doch allzu oft miterleben zu müssen, wie qualvoll und letzten Endes wie sinnlos und vor allem Sinn entfremdet meine Mitmenschen und auch ich miteinander schwiegen. Denn gemeinsam sprechen, lachen, leben, essen und trinken, gar feiern, das ging schon lange nicht mehr, erst recht nicht nüchtern. Tat man dies trotzdem, so galt man allzu schnell als jemand, der wie so oft zu hören war „Nur redet". Diejenigen, die sich selbst als „Macher" empfanden und sich gegenseitig mit Bier, Wein und allen möglichen Substanzen zu betäuben versuchten und sich gegenseitig einredeten wie toll sie doch alle seien, vergaßen dabei oft, die abhanden geratene realistische Selbstwahrnehmung. Nicht, das ich nicht selbst Teil jener Kultur und Gesellschaft gewesen bin, doch allzu wohl fühlte ich mich dabei nie. Alle Konstanten, die dem Säugetier von Natur aus mitgegeben worden sind wie Zeitwahrnehmung, Aufmerksamkeit, Spontanität, Agilität, Mut, Angst, Vernunft, Witz und Selbstironie, schienen unter dem betäubten Grundzustand abhanden geraten zu sein. Alle stets bemüht sich in einem besseren, idealeren, helleren Licht zu stellen, als alle anderen, wirkte und wirkt immer noch auf mich nahezu lächerlich. Als Schüler, Student, Wissenschaftler, Autor, stets im sitzen agierend, empfand ich mein Dasein als grausam, nahezu versteinert, der Bewegung beraubt, als Barmann, Partner, Haushälter oder Pfleger meiner Eltern, empfand ich mich hingegen gehetzt, getrieben, von dort und da gehend ohne Sinn und Logik, stets einem von den Mitmenschen konstruierten künstlichen Drama hinterherhetzend, um bloß einen Schein zu wahren, der nie zu wahren war. Wem wollten wir eigentlich gefallen, fragte ich mich selbst immer, wenn doch alle für sich alleine sind. Jeder egozentrisch fixiert, stets das Ich und nichts als das eigene Ich bedienend. Spielte jemand nicht ordentlich mit, so wurde er aus der nicht existenten Gemeinschaft als Strafe verbannt, was für manch einen ja eigentlich ein Segen zu seien schien. Ich selbst von Neugier gequält und getrieben, konnte es aber auch nicht sein lassen, zu sehen wie die Meute von Menschen sich gegenseitig bedient, mit diesem und jenem. Immer in vorderster Front konnte ich meinen eigenen wissenschaftlichen Voyeurismus perfekt bedienen. Oft, ja sogar meistens unterschätzten meine Mitmenschen mein Wissen und meine Fähigkeiten dermaßen, dass sie tatsächlich glaubten mich hinters Licht geführt zu haben, um dann natürlich, Nichts – Niemanden zu beweisen, denn die meisten verblieben doch Alleine. Ab und an taten sich alle zusammen, um mir ein Schauspiel der besonderen Art vorzuführen, stets auf Applaus aus wollten alle immer, gesehen, gegrüßt, bewundert, beklatscht werden, doch wehe dem der nur zu gähnen bereit war, weil ihm dieses permanente Schauspiel auf die Nerven ging, schlimmer noch es ging ihm nicht nur auf die Nerven, er war selbst ohne es zu wissen ein Meister dieser Kunst geworden, nach so langer Zeit im Spiel beherrschte er die Massen ohne, dass er es verstand wieso – oder besser gesagt, ohne, dass es mich sonderlich interessierte. Nun sind nun mal nicht alle Lichter und Geister gleich hell sagte ich mir, ähnlich wie die Sterne im Himmel scheint einer heller als der andere, mein Geist schien allerdings viele, wenn nicht alle meine Mitmenschen zu verwirren. Mein Licht schien ihnen zu sehr zu flackern, ganz ungewohnt mal viel zu hell für meine liebenswerte Gesellschaft und mal schien es erloschen – doch diejenigen, die mich zu kennen vermochten, es waren ja sowieso nicht allzu viele, wussten das mein Geist wie ein Stern kurz vor der Supernova stand. Dies ängstigte manch einen und um Aufklärung bemüht wollten mich alle plötzlich ganz genau ergründen. Doch wie das Schicksal es nun mal so hervorbringt, sind Menschen meines Schlages, ruhig – zurückgezogen, wortkarg, ja manchmal sogar angewidert vom Theater aller, und umso mehr sie versuchten mich zu ergründen, desto stiller und zurückgezogener wurde ich. Die anderen, die mich ohnehin nicht kannten, hielten mich stets für verwirrt, dumm, kleinlich, naiv – aber neugierig waren sie trotzdem, meine Fähigkeiten wollten aber Alle für sich nutzen. Der eine wollte dies, der andere wollte das, dann wiederum, erfolgreich wie man war, war es ja stets doch nicht genug, da geht noch mehr schrie ein oder anderer daher. Nachdem ich mir all dies so lange angetan hatte beschloss ich – es mal ganz sein zu lassen und mein Licht so hell brennen zu lassen dass alle zu erblinden drohten. Und siehe da plötzlich erblasst, ermattet, beschämt, verwirrt, in der Ecke kauerten sie nun, wussten nicht weiter, fragten sich und nun!? Und um so mehr alle versuchten zu begreifen, wie es denn geschah und wie denn nur dies alles möglich war, so dimmte ich mein Licht und schwieg. Es war ja ohnehin nur ein justieren um der Meute mal zu zeigen wie blass sie doch alle gewesen sind. Aber wieso, warum, was war denn los? So sag doch was – aber es blieb ein Schauspiel ohne echte Verbindung, jeder war in seiner Zeit und Hektik so gefangen, dass beinahe alle nur den portionierten Menschen kannten, hier eine Portion von dem, da ein paar aufmunternde Worte von jenem und wenn der Abend einsam wurde, so lotste man sich seine vermeintlichen Liebschaften nach Hause, um dann wieder als seelenloser einem Leben hinterherzuhinken, was man so nie führen wollte. Im Schein seiner selbst sollten alle tanzen und klatschen – ein jeder aber für andere niemals zu klatschen bereit war, immer nur das eigene Gebaren sollte Geltung finden, voller Neid und Missgunst sollten immer alle anderen scheitern; dies war nicht meine Welt und auch niemals werden sollte. Ich zog diesem Schwachsinn die Ruhe vor. Und auch all jene die beteuerten, wie leid es ihnen doch täte, waren doch auch so nicht imstande aus ihrer Biographie zu entfliehen – oder wie sollte man nun einer Katze das Hund sein beibringen?! Oft überschätze ich die Fähigkeiten anderer oder unterschätzte ich meine eigenen, es kommt auf das gleiche hinaus. In Erwartung eines Menschen, fähig, gebildet, eloquent, gelassen, lustig, traurig – eben alles was einen Menschen ausmacht, so traf ich allzu oft nur Schauspieler, die stets in der Rolle ihrer oder eben meiner Erwartungen steckengeblieben zu seien schienen. Manchmal so traf ich auch durchaus interessierte, ehrliche Menschen, aber wie das Schicksal es nun mal immer wieder wollte – zu sehr gefangen, verkopft und nicht authentisch, waren alle immer nur darum bemüht den Schein zu wahren, der so wie er ja war, nicht echt war. Er war aufgemotzt, künstlich, aufgesetzt, gestellt – Und all die Geschichten und das Geschwafel über alle Errungenschaften und Heldentaten, all dies nur als Lärm derer, die nicht imstande gewesen sind ihre Zeit als solche zu genießen, stets immer etwas wollten. Spannung, Witz, ja alles bloß kein Realismus, denn der schmerzte ihnen offenbar zu sehr. Und dann und wann endlich allen Wünschen zu genüge hatten sie ihren Tanz, ihren Ball, ihre Party oder was auch immer sie sich wünschten, voller Neugier, um zu sehen was es nun war, was alle so sehr suchten – sah man nur „Nichts", nur eben das was immer war, ein stumpfes Gelage voller Trunkenbolde, die sich gegenseitig Vorwürfe machten, jenes oder dieses nicht ordentlich erledigt zu haben oder da, und dort falsch, weil nicht angepasst genug, gehandelt zu haben. Ein trauriges Zeugnis ihrer aller geistigen Langweile, die stets bemüht waren, das Leben jener schwieriger zu gestalten, das ohnehin sehr schwierig war.

Die Existenz

Die Existenz des Menschen, als ein sehr langlebiges Säugetier, unterliegt entwicklungsbedingt sehr starken dynamischen Fluktuationen. So unbeholfen, so unfertig ein Säugling in seinen ersten Jahren auch zu seien scheint, so sind seine Augen stets weit geöffnet, sein Geist klar und rein, frei von aller Kultur – bereit für sein Leben geprägt zu werden für alle Abenteuer, die es bereitstellen wird, neugierig aber eben morphologisch unfertig. Kopf und Rumpfmuskulatur noch nicht genügend ausgebildet. Der Schädelknochen noch nicht zugewachsen, der Körper viel zu klein für den doch so großen und schweren Kopf. An Bewegung und Exploration ist nicht zu denken, da eben noch nicht möglich. Ein Zustand den der Säugling, falls er denn imstande wäre es selbst zu beurteilen, als mangelhaft, unfertig, defizitär betrachten würde. Und die Eltern, insbesondere die Mütter, angeblich aufgeklärt und wissend, werden sich ihrer eigenen Abhängigkeit erst beim Antlitz des eigenen Nachwuchs bewusst. Als erstmalig Mütter werdende, mit all den vielfältigen Konsequenzen einer Schwangerschaft konfrontiert, begreifen häufig erst im Nachhinein die Tragweite einer Verantwortung, die mit dem Heranwachsen des menschlichen Kindes einer ständigen Transformation bedarf, die so in der Form schwerlich zu antizipieren wäre. Das menschliche Nervensystem mit seinem ständig plastischen Ausdifferenzieren seiner eigenen Selbst, sein Suchen und Finden von Interessen und das herausbilden eines wie man im Volksmund sagt Charakters, unterliegt im Verlaufe der Entwicklung gewissen Stufen, die geprägt sind von biologischen und hormonellen Realitäten, die dem Leben des agierenden Menschen eine gewisse Richtung vorzugeben scheinen. Doch wie sehr nun sind wir alle unseres Schicksals Schmied, wenn doch eben in der Biographie eines jeden Menschen auch die unweigerliche, unvorhersagbare, unkontrollierbare Natur des Schicksals selbst unseren Pfad durchkreuzt. Der moderne Mensch in seiner ausdifferenzierten, sprich erwachsenen Form unterliegt hier allzu oft einer Illusion des, wie ich es nenne „Gotteswahns", einer Illusion des kontrollierbaren und lenkbaren Glückes.

Die subjektive Zeitwahrnehmung

Immer wenn ich versuchte meine Artgenossen über ihr Empfinden der gemeinsam verstreichenden Zeit und der bereits verstrichenen zu befragen, dies meist aus reiner wissenschaftlichen und menschlicher Neugierde heraus, so erntete ich selten fruchtbare Selbsterkenntnis. Viel häufiger dagegen waren Wut und Verzweiflung die einzigen Antworten, die mir entgegensprangen. War ich nun der Dumme, der berauscht vom Leben meinen neidischen Mitmenschen mein Glück unter die Nase rieb, oder waren sie die neidischen Opfer ihrer eigenen Unfähigkeit, das sogenannte Leben zu genießen? Das verstreichen der Zeit und die Folgen für Seele und Leib verläuft, nämlich, meist abhängig von Alter, Geschlecht, Reifegrad und dem Ausmaß der Ausdifferenzierung des menschlichen Nervensystems und demnach auch des Charakters, recht unterschiedlich ab. Jeder Mensch mit seiner doch einzigartigen Biographie und seiner eigenen Vergangenheit, findet sich im Dialog selten in gelassener ausgeglichener Selbsterkenntnis wieder, so dass diese auch mit Mitmenschen geteilt werden möchte. Dies geschieht natürlicherweise aus einem mangelnden Vertrauen heraus, da doch nicht jedermann wirklich sein Herz, jedem ganz prompt ausschüttet und sich damit selbst ganz selbstverständlich offenbart. In einer immer schneller und stärker technisierten Welt des frühen 21ten Jahrhunderts lebend, begegnete ich viele Artgenossen ganz hin und hergerissen von haben und sein, ständig auf der Jagd nach mehr Leben. Sie und auch ich hatten alle etwas gemeinsam. Wir waren alle Getriebene, berauschte, zweifelnde Geister einer Epoche, die so in dieser Form für alle lebenden Kreaturen und für den Planeten und seine natürlichen Biosphäre als ein reiner Gewaltakt erschien. Niemand vermochte genau beschreiben zu können, wer, was, wieso für wen und warum getan hat oder getan wurde und weiterhin getan wird. Alle stets bemüht einen Schein zu wahren, der in zahllosen Fassetten des Lebens selbst unterzugehen drohte. Der Wettlauf der einzelnen für mehr … Mehr Geld, mehr Macht, mehr Abenteuer, mehr vom Mehr ohne, dass jemand auch nur Ansatzweise sich seiner Bedürfnissen sicher wähnte … verblieb stets grotesk, unverständlich in Anbetracht unserer aller Endlichkeit.

Wer misst die Zeit in mir!? – Hat mein Gehirn eigentlich eine Uhr?!

Nun ist nicht jeder ein Psychologe oder Neurowissenschaftler oder ein theoretisch versierter Neuroanatom, um eben alle diese Fragen, die ich in meiner unstillbaren Neugier stellte beantworten zu können. Eines schien mir aber immer sehr auffällig – Etwas was mich sehr stark von meinen Mitmenschen zu unterscheiden schien. … Niemand außer mir selbst schien die Zeit, die einfach so verstrich genießen zu können – das was nahezu alle meine bisher getroffenen Mitmenschen versuchten; der verstreichenden Zeit zu entfliehen, sich zu betäuben sich abzulenken, etwas ihr in den Weg zu stellen. … Sie nicht wie sie sagten „ertragen zu müssen". … Diese paradoxe Erkenntnis mit der gleichzeitigen Kenntnis unseres eigenen zentralen Nervensystems stellte ein dermaßen redundanten paradoxen Widerspruch dar, dass es für mich als Wissenschaftler unmöglich erschien, dies mit zu erleben oder gar zu genießen – schlechte, schmerzhafte, stinkende, Vergiftungen, laute und chaotische Umstände empfand und empfinde ich bis heute als das was sie sind. … Niemals hatte ich das Bedürfnis Dinge und Umstände, die offensichtlich schlecht sind „schönzureden" wie sollte man auch als Wissenschaftler dies tun können. … Und ich meine nicht das schönreden für Kinder und Heranwachsende, um ein didaktischen Vorteil zu erbringen. … Offensichtlich waren und sind sehr viele Menschen von sich und ihrem Leben dermaßen enttäuscht oder frustriert, dass sie und ihre Zeitgenossen es sich ständig schönreden müssen… Ich spreche hier auch nicht von einem therapeutischen Kontext, in dem eine gewisse psychisch angeschlagene Person oder hilfsbedürftige Person aufgemuntert werden sollte.… Ich spreche von Alltagssituationen, die in ihrer bloßen Realität schon dermaßen absurd mir erschienen, dass es eigentlich jedem offensichtlich klar seien müsste.

Beispiel:

Das ununterbrochene Schwafeln (im psychologischen Fachjargon Konfabulieren) unter Alkoholeinfluss. …Das ständige und ununterbrochene Schwafeln im Alkoholrausch gehört wohl zu den deutlichsten Paralogiken menschlichen Zusammenkommens. Das ständige gegenseitige Entwerten von allem und alles, um sich selbst in einem besseren Licht darzustellen. … Die Selbst-Idealisierung als Konzept wahrer menschlicher Größe verkaufen zu wollen. … All diese Paralogik von offensichtlich, wie ich es zu sagen pflege „Armen Seelen" im Vollrausch, stellen nur einen kleinen Teil der gesamten Absurditäten urbaner Freizeitgestaltungen dar. … Natürlich sind diese hier kurz umrissenen Verhaltensweisen unter Alkoholeinfluss (Intoxication – Vergiftung) nicht allzu sehr über zu bewerten, jedoch erscheint mir bis heute eine narzisstische Fixierung nahezu Aller als dermaßen lächerlich, dass man diesen tragisch-komischen Zustand sogar als Parodie ihrer selbst betrachten kann. Spricht man diese gleichen Akteure dann im nüchternen Zustand wieder auf Gesagtes und Getanes bzw. Unterlassenes an, so wird alles abgestritten, man wird für verrückt erklärt, man wird für zu engstirnig, oder gar spießig oder langweilig empfunden; also die gesamte Palette von psychischen Abwehrmechanismen (Verdrängung, Verleugnung, Projektion, Entwertung, etc.) …Viele Singles, Frauen sowie Männer, die sich heute noch rühmen so weltoffen, (aufgeklärt, emanzipiert), erfolgreich und gebildet zu sein, frage ich aus der Blume heraus, ob all dies denn einem „Nichts" nach dem Tode (Kinderlos und alleine), denn der Mühe wert war!? Mit großen und entsetzten Augen all jene nur wütend und aggressiv darauf bisher geantwortet haben. Doch frage ich andersherum, ob Glückseligkeit denn eingekehrt ist, erntete ich stets die gleiche Wut, denn in ihrer Heuchelei des vermeintlichen Glücks sie stets ertappt sich fühlten. All diese paralogischen Realitäten müssen natürlich in dem Kontext – einer, nach getaner Arbeit – sich betrinkenden Betäubungskultur betrachtet werden. Auch sehr häufig aufgetroffen, ist die Kombination aus beidem. … Minuten langes Monologisieren – sich selbst idealisierend – um dann am Ende, um Bestätigung ersuchend mit lapidaren Fragen, wie … „Ist es nicht so. …?" „Sag doch auch mal was dazu…. ?!" Interesse zu heucheln. Es erscheint für jeden gesund gearteten Menschen hier absolut unmöglich natürlich und normal darauf zu reagieren. …Manchmal erlaubte ich mir einen ebenso entwertende aggressive Antwort oder Verhalten darauf, indem ich wortlos ganz langsam aufstand meinen Mantel anzog und den Raum verließ. …Oder manchmal antwortete ich mit den Worten „Nachdem Du so viel bereits gesagt hast bleibt dem Gesagten nichts mehr hinzuzufügen…." und ein breites Gelächter aller vorher gequälten Seelen im Raum brach aus allen heraus! Der selbstverliebte von sich dermaßen überzeugte, der ohne Schamgefühl gleichzeitig alle zu belügen versucht, obwohl alle gleichzeitig im Raum sind. … Ein dermaßen plumper, zum scheitern verurteilter Versuch alle Mitmenschen, die einem ihre Aufmerksamkeit schenken, hinters Licht zu führen, bedarf eigentlich keinerlei Offenlegung, sondern spricht für sich selbst. …Meistens machen sich die Betroffenen, ja ohnehin selbst mit solchen überschwänglichen Reden zum Affen. … … Das Therapiegespräch bei 2.0 Promille … Auch ab und an angetroffen ist das vermeintliche Wohlwollende

Therapiegespräch an der verrauchten Bar, indem der vermeintliche Therapeut bereits Volltrunken dem vermeintlichen Klienten, zwischen Tür und Angel ihm sein Seelenfrieden richtet und all zugleich ihm den Sinn des Lebens nahelegt.

Die Identifikation mit dem „Selbst"

Die Identifikation mit dem Selbst und die häufig damit einhergehende mangelnde Identifikation mit dem anderen (z.B dem anderen Geschlecht oder ganz allgemein dem Gegenüber …) kann man auch als mangelnde Empathie bezeichnen [Einzelkind versus Großfamilie]. Betrachtet man die Lebensspanne des Menschen und vergegenwärtigt sich das sogenannte „mittlere Leben" also der Zeitpunkt, indem der Mensch die vermeintliche Mitte seiner Lebensspanne erreicht hat … (statistisch: μ, $E[x]$, oder t / true value genannt); so beobachtet man „in unseren Tagen" immer häufiger das Phänomen einer Identitätskrise (im engl. sogenannte Midlife crisis). Oft einhergehend mit dem Tod der eigenen Eltern beginnt der Mensch häufig eine Bilanz zu ziehen … „War alles gut, … habe ich alles richtig gemacht" … usw. … Frauen unterliegen zusätzlich der biologischen Realität der Menopause, was mit hormonellen Schwankungen und zusätzlichen Irritationen des sogenannten „Selbst" einhergeht …Vergleichen wir nun die Realitäten, die westlich geprägte urbane Siedlungsräume von heute mit den Realitäten ländlich geprägter Siedlungsräume des vorherigen Jahrhunderts, so ist festzustellen, dass wir uns heute in einem Zustand der „Überkapazität" und „Unter-Reproduktion" befinden. …Was bedeutet, dass wir im Vergleich zum letzten Jahrhundert, über wesentlich mehr produzierende Kapazitäten (z.B. im Bereich der Lebensmittelproduktion oder Kleidung etc.) verfügen und andererseits befinden wir uns (vorausgesetzt die uns dargebotenen Zahlen sind Vertrauenswürdig) im Zustand der sogenannten Ein-Kind-Familie oder gar im Singlehaushalt. …Nach 50 Jahren andauernder technischer Fortentwicklung und gleichzeitiger Möglichkeiten der Verhütung und Selbstbestimmung der Frau ergibt sich für uns eine Reproduktionsrate von etwa 1,4 Kinder je Frau im Vergleich zu 3,5 Kindern im letzten Jahrhundert bzw. in ländlichen und ärmeren Regionen der Welt. Die für mich als Psychologe stets widersprüchliche gar groteske Realität, dass der Mensch, einmal einen gewissen Wohlstand erreicht, stets diesen zu wahren versucht und nicht mehr bereit ist weitere Risiken (wie z.B. Schwangerschaft und Kinder an sich zu bekommen) einzugehen, dazu führt, dass ganze Generationen verschwinden, und die menschliche Population einem Wellenmuster gleicht, ähnlich, die des Räuber-Beute-Verhältnisses (Zick-zack- Muster / vgl. Fourier Analyse). …Ein manchmal zusätzlich potenzierender Effekt dieses Musters ergibt sich aus der Realität der globalen Reisefreiheit und der damit einhergehende Wettstreit der Regionen um Attraktivität (z.B. im Bereich Tourismus). Jeder Wirtschaftsraum der vom Fremdenverkehr (Hotel- / und

Gaststätten, Reisebranche etc.) lebt ist mehr oder weniger gezwungen die Träume der Besucher zu erfüllen. …Als Beispiel sei angemerkt, – die „Safari in Afrika" – die im letzten Jahrhundert unter wohlhabenden europäischen Schichten sehr beliebt war, heute hingegen bereits verpönt ist. Heute hingegen immer mehr im Trend liegend der sogenannte „Abenteuer – Tourismus" in nahezu unwirkliche und widrige Regionen wie z.B. dem Mount Everest in Nepal. Als negative Folgen solch grotesker Abenteuer suchender Touristen sind zunehmende Umweltverschmutzung (Plastikmüll, Kot durch sogenanntes wildes Camping u.ä.) zu nennen. Aber auch das Fehleinschätzen eigener Grenzen und Fähigkeiten bei vermeintlich „normalen" Reisen in Badeorte, in der die Temperaturen deutlich höher sind als, die im jeweiligen Heimatort (wie z.B. in Deutschland, Frankreich, dem Vereinigten Königreich, den Niederlanden oder in Dänemark etc.). Einige ganz konkrete Beispiele aus der eigenen Biographie sind hier zu nennen. Ich selbst gebürtig in Düsseldorf / Deutschland mit einem Genom ausgestattet, welches sowohl mütterlicherseits, als auch väterlicherseits als (rein) griechisch zu bezeichnen ist, konnte beobachten wie so manch ein Artgenosse im Rausch des „Erleben-Wollens" sich entweder kräftig beim Sonnenbaden verbrannt hat, oder Nahe einem Hitzeschlag bzw. dem Ertrinken Nahe stand …Es ist aus der Morphologie des

Menschlichen Nervensystems heraus nämlich ganz natürlich, dass wir für z.B. Temperatur kein sonderlich gutes „Gedächtnis" haben und nur die Erfahrung selbst es uns ermöglicht Orte, Erlebnisse (Dinge an sich) realistisch einschätzen zu können und damit einhergehend – Prä-antizipieren zu können …Folglich ist der Anspruch vieler in nördlichen Gebieten lebender Menschen, mal eben so die Hitze Andalusiens oder Griechenlands bzw. Siziliens genießen zu wollen und das mal eben in 10 Tagen vorab, aus meiner Sicht, äußerst unrealistisch… ! Die damit einhergehende Hektik und das „getrieben Sein"; schnell möglichst effizient sich zu erholen gleicht einer aberwitzigen, grotesken Wahnvorstellung, wohlhabender Gesellschaftsschichten, die für sich und ihre engsten und liebsten zu wenig Zeit in der Vergangenheit eingeräumt haben. So ist auch der Alkoholkonsum für erfahrene Trinker bei 36°C im Süden Europas ein Tanz auf dem Vulkan, der jederzeit zu einem Kreislaufkollaps und schließlich zum Tode führen kann. Für die einheimischen Sicherheits- und Gesundheitskräfte, recht unerfahren mit dem orgiastischen Trinkgelagen einer englischen oder deutschen Jugendgruppe – ergibt sich beinahe automatisch ein Drahtseilakt der besonderen Art. Manchmal aus Ratlosigkeit und guten Willen heraus, kontaktieren die Polizeibehörden aus dem Süden Europas die Eltern der Heranwachsenden, um dann Unverständnis und Spott zu ernten, „„…wieso denn das ganze Theater …der Junge macht das jedes Wochenende hier!“ (in z.B. Manchester, London, Düsseldorf, Köln etc.) Dieses Aufeinanderprallen verschiedener – in Gesellschaft Lebender, innerhalb des europäischen Kontinents, bei gleichzeitiger unterschiedlich schneller und unterschiedlich effizienter Wirtschaftsleistung; Sprache und Traditionen macht aber wiederum den Charme eines Kontinents aus, der für viele Außenstehende (aus ärmeren Regionen, z.B. Asien, Afrika etc.) auf den ersten Blick wie das funkelnde Paradies erscheinen mag. Der exklusive Charakter aus dem teuren Umfeld heraus (harter Euro, teure Waren, teure Gewohnheiten etc.) macht die Illusion perfekt.

Gefangen in der Illusion des eigenen „Ichs"

Das sogenannte „Ich": zirkuläre Schleifen von vermeintlich „Wissenden Ahnungslosen", die stets bemüht waren die Fassade aufrecht zu erhalten. Eine kurze Analyse aus dem frühen 21ten Jahrhundert. Sind wir wirklich schon angekommen in der Science-Fiction unserer Kindheit… ? Und wie fühlt sie sich nun an!? Nachdem die westliche Zivilisation all ihr Bemühen stets dem technischen Fortschritt aufopferte, stellt sich nun die Frage, sollen wir nun lachen oder weinen. … Ist das woran so viele Menschen glauben und festhalten denn wirklich alles wahr und richtig gewesen … haben unsere Erwartungen, Erfahrungen, unsere Träume und Sehnsüchte nach einem idealtypischen erlebten Leben … wirklich unser Leben besser gemacht? Jeder Mensch, der im Begriff ist heranzuwachsen, ob nun Junge oder Mädchen, wird von Anbeginn des Lebens durch seine Artgenossen, Eltern, Geschwister, Lehrer geprägt … mit Ängsten, Hoffnungen, ja oft auch nur Illusionen bereits widerlegter Fantasiegeschichten „gefüttert", regelrecht indoktriniert… Manche Artgenossen meinen es besonders gut oder schlecht mit ihren Mitmenschen und geben sich sehr große Mühe ihre Mitmenschen zu quälen, zu belügen, zu manipulieren …eine Maskerade von Fantasiegebilden zu konstruieren einzig und allein, um ihren eigenen Schein zu wahren und nicht den Schein ihrer Mitmenschen zu ermöglichen. Alle Akteure haben aber eines gemeinsam; sie unterliegen ihrer Illusion eines subjektiven „Ichs" – Eines von Hoffnungen und Ängsten durchzogenes „Ichs", welches einer Realität oft diametral entgegen steht. Um nun nicht in Wunden Aller zu wühlen möchte ich nur auf zwei sehr offensichtliche Realitäten aufmerksam machen, die unser Leben doch arg in Bedrängnis gebracht haben. Die Realität, dass wir alle zur Art Homo Sapiens gehören, demnach alle ähnlich seien müssten. Und der dazu im Widerspruch stehenden, ebenso oft zu beobachtenden Realität eines jeden erfahrenen Menschen, dass jeder Mensch einzigartig in seiner Ausdifferenzierung erscheint. Nun wie geht der moderne Mensch mit dieser doch sehr widersprüchlichen Scheinrealität des eigenen Ichs nun um? Hinzu kommt abermals das extreme von Wünschen und Hoffnungen verzerrte, durch Alkohol und Drogen, Selbstisolation und übertriebenen Monitorkonsum, verzerrte Bild einer Realität, die für jeden einzelnen doch etwas anderes darstellt als für einen selbst. … So doch wir uns bemühen durch ständigen Kontakt miteinander (Telefon, Mobiltelefon, Internet, Email, soziale Medien,...etc.) unser Weltbild zu synchronisieren und im Einklang mit „Allen" zu halten, so sehr wir uns bemühen den Schein einer Gemeinschaft zu wahren, so sehr scheint es uns zu entgleiten und der blanke individualisierte, Egozentrismus und die hässliche Fratze einer narzisstischen, Egomanen Gesellschaft offenbart sich. Die morphologische Realität von Säugetieren und im besonderen – die des Homo Sapiens, steht einem denkenden Geiste einer paradox anmutende Selbsterkenntnis oft im Wege. Viele von Kultur überprägte Menschen (Kultur: Literatur, Film, Musik etc.) so bezeichne ich all jene, die stark entfremdet vom natürlichen Zustand des Hominiden sind, und sich den vermeintlichen Lüsten eines weltlichen Lebens (Essen, Trinken – sich gehen lassen) zugewendet haben, ignorieren immer häufiger die Tatsache, dass Menschen (jeglicher Art), um gesund funktionieren zu können ein Mindestmaß an Bewegung benötigen, eine spezielle Ernährung, soziale Interaktionen, Schutz, Wärme, etc. etc. … Allzu viele jener Artgenossen versuchen dieser Realität durch sogenannte kompensatorische, „Lust-maximierende Verhaltensweisen"*, die einem Suchtverhalten sehr stark ähneln zu entfliehen. (*„Lust-maximierende" Verhaltensweisen: – z.B. Alkohol- und Tabakkonsum, Drogenkonsum, Pornographie und Masturbation, Monitorkonsum, Video-Spiele und die Kombination aus allem). So sind die Folgen jener sich selbst-verstärkenden Verhaltensweisen wie das Übergewicht, das Rauchen, das Saufen und die daraus entstammende mangelnde Bewegung und die resultierenden Folgeerkrankung wie Arteriosklerose, Koronare Herzerkrankung, Schlaganfälle, Diabetes, Krebs etc. und der einhergehende Verfall des „Selbst" allgegenwärtig zu beobachten. ... Als junger Mensch, diese Erlebnisse noch nicht durchlebt zu haben und zu beobachten, wie erwachsene Menschen stets all jene oben beschriebenen Verhaltensweisen nahezu täglich zu zelebrieren scheinen, verleitet junge Menschen allzu oft dazu genau diese Verhaltensmuster zu wiederholen ... trotz besseren Wissens und Beteuerungen der Aufgeklärten ...Jeder junge Mensch (gesund und funktionsfähig vorausgesetzt) neigt in der sogenannten adoleszenten Phase seines Lebens dazu sich und seinen Körper ausprobieren zu wollen ...Er möchte wissen wie es ist, betrunken, berauscht, verliebt usw. zu sein und es ist auch stets jemand vorhanden, der diesen Wunsch zu erfüllen imstande ist, obgleich es sich meistens um rein kommerzielle Motive handelt (wie z.B. der Tabak – oder der Alkohol vertreibenden Industrie), welche diese Wünsche in Erfüllung gehen lassen. Eine auffällige aber kaum zu leugnende Folgeerscheinung für das Nervensystem jener „lustmaximierenden" Daseinsform ist der offensichtliche Tatbestand eines sogenannten „Neben der Spur sein", Gefangener in der Kontrollillusion und in der Illusion alles immer stets richtig und gut zu machen –

die Akteure unterliegen auch einer kollektiven Kontrollillusion, da das sogenannte Kollektiv (die meisten) es ebenso machen und es deswegen nun mal richtig sein muss. Diese Form von typischen Rationalisierungen sind für sogenanntes selbstverletzendes Verhalten – wie Suchtverhalten und für die gesamte Suchtgruppe und Untergruppierungen charakteristisch, häufig hört man dann solche Scheinargumente wie – Mein Körper – meine Entscheidung…

Das lange Jetzt

Als ich mich selbst mit anderen im Pfad der Zeit wiederfand, wunderte ich mich ständig wieso alle so sehr beschäftigt waren, um nichts zu tun – Jeder schien von einem Erlebnis zum anderen Erlebnis zu hetzen, um dann gleich danach zu lügen wie toll es war – „Es war so großartig, Du hast was verpasst" so waren ihre Worte – „Großartig!?" fragte ich mich selbst – was war so großartig daran, was möchten sie mir alle sagen, ich war doch selbst dabei, und stets bemüht alle vor weiteren Schaden zu bewahren. Der eine Troll bis oben hin voll, versuchte dem anderen Wicht so richtig dicht, zu erklären wie man an einem anderen Ort sich noch viel besser betrinkt. Und auch der Barmann selbst oder gar der Besitzer des Lokals, so meinten alle, der ja am besten aus dem ganzen Wahnsinn herauszukommen schien, konnte sein Glück nicht halten – er gab es für anderen Kram wieder her, nahm ein Taxi und fuhr allein daheim, den Kopf voller Sorgen und das ganze Geschrei, der Meute noch im Ohr, so suchte er sich zu umsorgen – doch so wirklich Friede kehrte selten ein. Immer dann und wann, wenn sich eine ruhige Minute ergab, versuchte ich alle beteiligten, nüchtern nun doch wieder alle waren, auf mögliche oder tatsächliche Verletzungen und andere Widrigkeiten aufmerksam zu machen, alles dies sie jedoch bestritten, zu leugnen versuchten, alles kein Problem so sagten sie – war doch alles nur ein Spiel. Doch die Wunden und Narben an Körper und Geist noch frisch und blutend waren offensichtlich kein Spiel – ihren Tribut sie ohnehin schon zollten, doch wer war ich, wo waren meine Wunden – meine Wunden im Geiste brodelten weiter, ständig besorgt, ständig auf der Hut, meine Mitmenschen vor schlimmeren zu bewahren, ergaben selbst kaum Sinn. Voller Unverständnis fragten sie mich, was machst Du denn hier – „ … wieso bewirbst Du Dich nicht bei der NASA?" oder schlimmer noch, wenn sie mich, so schien es mir, absichtlich als verbale Mülltonne verwendeten, nur um ihre eigenen Unzulänglichkeiten bei mir abzuladen, warfen sie mich in einem Topf mit all ihren unerfüllten Träumen, all ihrem Hass gegen sich selbst … nun gut ich war ja selbst vor Ort einer der fleißigsten Akteure, stets auf der Hatz nach mehr vom Mehr, wie konnte ich mich dabei als „Neutral" empfinden. Viel zu offensichtlich erschien mir und natürlich auch allen anderen die wechselseitige Abhängigkeit zwischenmenschlicher gemeinsam verbrachter Zeit. Bloß nicht alleine sein, das war die Devise der meisten meiner Mitmenschen, ich hingegen benötigte diese Einsamkeit und Ruhe, um richtig funktionieren zu können. Groß geworden in einer Zeit in der es eben nicht diese ganzen Möglichkeiten der Ablenkung gab, in einer Zeit in der man noch mit dem

Stift schrieb und mit seinen Mitmenschen sprach, in der, der Fernseher nur zwei Kanäle empfing und das auch noch in Schwarz-weiß. In jener dieser Zeit war der eigene Geist aktiv, eine Spielwiese der eigenen Fantasie, kein Bild oder Videospiel war so real wie die Realität selbst, man traf sich mit Mitmenschen und interagierte auf natürliche Art und Weise ohne dazwischengeschaltete Geräte wie Telefon, Mobiltelefon, Smartphone, Social Media und co.. Doch die Neugier und die Anziehungskraft des flackernden Bildschirms war viel zu groß für so junge Geister wie wir es alle einmal waren – man konnte sich dem kaum entziehen und wie so oft die Eltern aus Ermangelung eigener pädagogischer Fähigkeiten nur allzu gerne den Nachwuchs vor dem Bildschirm setzte, um vor dem Invasiven Charakter junger Geister zu entfliehen. Nun nach allen diesen Zeiten und unserer Zeitenwende, frage ich ab und an, ob wir nun freier, glücklicher, wohlhabender oder gar menschlicher geworden sind!? Gibt es jemanden, der dies zu behaupten sich traut!? Die Gier nach mehr, schneller, weiter – schöner, höher, tiefer, hat uns offensichtlich blind gemacht. Taub, alt, träge, fettleibig, uns gegenseitig anwidernd. Alle starren nur noch lethargisch auf einen Bildschirm, mal ist er klein, mal ist er groß – in HD oder 4K, mit Megapixeln gab man früher an, ob 4, 5, 6, 12 – umso mehr eine damals noch neu auf dem Markt zu habende digitale Kamera, desto besser fühlte der Käufer sich, doch so wirklich glücklich schien niemandes Gesicht. Nun alles in einem Gerät – das Smartphone. Uhr, Kamera, Internet, Computer, Taschenrechner, Navigationsgerät, Kompass, … alles was das Herz begehrt, jedoch so wirklich glücklicher scheint immer noch kein Gesicht!? Und auch die Fähigkeiten der lieben Mitmenschen zu hinken scheinen, voll von Tabak, Bier oder auch Schnaps, Drogen, oder eben nur zu viel vom Bildschirm. Manch einer meint es besonders gut mit seiner Erlebniswut, versucht alles und zwar gleichzeitig, um seinen Spaß wie so oft effizienter zu maximieren. Er beginnt mit Bier, steigt um auf Wein, braucht dann den Schnaps, Zigaretten, zwischendurch, den Kaffee erwähnt man nicht mal mehr einmal. Mit Hanfprodukten und Amphetaminen, Ecstasy und Kokain – mein Gott was soll da schon noch funktionieren, der Geist, nur noch ein Schatten seiner selbst – dem Menschsein beraubt. Grunzend, stammelnd, nicht mehr sprechend ein grausamer Anblick – so entfremdet vom wahren Wert der göttlichen Existenz des Mensch sein. Nicht das hier ein falsches Bild entsteht, nicht jedermann diesem Extrem entspricht, jedoch in dem linear logischen Charakter des Mehr – mehr vom Mehr, sind Viele dieser Illusion verfallen, eins nach dem anderen, ständig betonend wie toll man doch alles im Griff hätte, doch der nicht vorhandene Gesichtsausdruck und der aufgedunsene Leib spricht Bände. Es soll nun hier nicht aus purem Sadismus heraus in aller Wunden gewühlt werden, vielmehr soll lediglich eine nüchterne Analyse eines offensichtlichen Ist-Zustandes, eine Momentaufnahme der Absurdität zwischen Lust und Leid dargeboten werden, um unser aller Dasein wenigstens auch den Anderen, jüngeren Geistern zugänglich zu machen.

Dualismus und die Folgen für Seele und Geist

In der sogenannten westlichen Zivilisation und ihrer Sprachanwendung findet sich in jedem verwendeten Wort auch ein dazugehöriges gegenteiliges Wort, welches wiederum das andere extrem einer linearen Dimension darstellt, z.B. schlau – dumm, groß – klein, stark – schwach, hell – dunkel, scharf – stumpf, alt – jung / alt – neu etc. Ähnlich verhält es sich auch bei den Meinungen und politischen Haltungen gegenüber ganz konkreten Sachverhalten und Umständen. So wird derjenige der für eine lockere Einwanderungspolitik argumentiert vom jeweiligen anderem Extrem einer strikten und rigorosen Einwanderungskontrolle gegen argumentiert (sogenannte Antagonismen). Nun sind diese dichotomen Betrachtungsweisen auch auf menschliche Eigenschaften anwendbar wie ehrlich – unehrlich, ordentlich – unordentlich, rechtens – unrechtens, gebildet – ungebildet, aufgeklärt – unaufgeklärt. Diese duale Ausrichtung in dafür und in dagegen vereinfacht eine mögliche Entscheidungsfindung und erlaubt es Menschen verschiedener Interessensgruppen miteinander zu wetteifern, um eine sogenannte Deutungshoheit. Diese binäre Ausrichtung in richtig oder falsch scheint allerdings bei überdimensionalen (also komplexeren) Sachverhalten – die eben bei dynamischen und heterogenen Gruppenkonflikten im zwischenmenschlichen Verhalten nun mal eher die Regel zu seien scheinen – an ihre Grenzen zu stoßen. So kann logischerweise nicht gleichzeitig, sowohl dafür, als auch dagegen argumentiert werden. Aus der Tradition der griechischen Antike und der Disziplin der Logik und Arithmetik her stammend ist sie im westlich geprägten Bildungsraum aber gängige Praxis geworden – sowohl im Bereich der wissenschaftlichen Erkenntnisgewinnung, als auch im Bereich des politischen und wirtschaftlichen Wettstreits. Das dualistische Prinzip ermöglicht es Sachverhalte ausreichend stark zu kontrastieren, um allen Akteuren eine Möglichkeit zur Entscheidung zu vereinfachen. Sobald allerdings zu viele zum tragen kommende Dimensionen auf eine nur eine dualistische Achse (sprich binäre) Kategorie heruntergebrochen wird, kommt es leicht zu absurden Interpretationen. So sind zum Beispiel zwischenmenschliche Beziehungen, bereits im innerfamiliären Bereich sehr schnell überdimensional. Ab einer Anzahl von mehr als drei Variablen (z.B. Mutter, Vater, Kind +1) ergeben sich logischerweise bei einer zu rigorosen Anwendung von binären Kategorien wie richtig/falsch (Lob/Strafe) unlogische (ich nenne sie gerne auch paralogische) und demnach absurde Situationen des Argumentierens. So kann es einem heranwachsenden

Menschen unmöglich gestaltet werden Vertrauen zu seinen Mitmenschen zu bilden, da es eben stets als abhängiges Individuum zu seinen Eltern (oder älteren Geschwistern) stets widersprüchliche Botschaften erhält. Als Folge von solch widersprüchlichem Gebaren der betreuenden Personen ist bei ihren Kindern eine im Erwachsenenalter häufig zu beobachtende Suchterkrankung (Tabak, Alkohol, Cannabis, Stimulanzien u.a.) oder ganz allgemein gesprochen, selbstverletzendes Verhalten festzustellen (im Psychiatrischen oft auch als Achse B – Störung bezeichnet / vgl. ICD / DSM).

– In der Mitte des Lebens –

Als ständig schreibender, denkender, rechnender und damit für viele unzugänglicher Mensch, ergab sich in der Mitte meines Lebens ein Dilemma, das stets bereits in meiner Vergangenheit mich einzuholen drohte. Ich, mich so sehr einer ungeschriebenen Zukunft verschrieben hatte, erkannte wie sehr doch nun jeder abgeschnitten vom „Jetzt" – weder miteinander sprach, noch – mich selbst als Teil einer Gemeinschaft akzeptieren konnte. Alle um mich herum waren entweder besorgt, neugierig, neidisch, missgünstig oder sogar mir aggressiv gegenüber gesonnen oder manchmal auch einfach nur gleichgültig. Mein viel zu stark – „In sich gekehrt – sein" wie manch außenstehender es zu beschreiben versuchte, hatte für alle Betroffenen, etwas mystisches, magisches, verrücktes an sich, was es zu durchdringen galt. Wie ein unlösbares Rätsel, welches dem zu lösen versuchenden, ein Dorn im Auge erscheint. Doch ich – mich – selbst in dieser Rolle niemals fühlte. Orthogonal dazu, wie ich immer zu sagen pflegte… – Allen jenen unverständlichen Gegebenheiten und Widrigkeiten zum trotz, waren alle immer darauf aus mich zu ergründen, mich festzuhalten, das wahre selbst meiner Existenz zu fangen, zu fixieren, in ein Glas zu stecken – mich ganz für sich selbst extrahieren zu können, mein so seltsam ihnen erscheinendes „Ich“ endlich zu verstehen. Es ergab sich demnach eine für viele außenstehende Beobachter eine absurde Situation, die für mich selbst als ganz natürlich erschien. Groß geworden in einer Zeit und in einem sozialen Umfeld ohne Computer, und Technologie, wie sie heute kaum noch wegzudenken ist – in einer Zeit voller Mangel, in der ein gut schreibender Stift und ein sauberes weißes Blatt Papier schon bereits ein Segen waren – entschied ich mich – nun in der Mitte meines Lebens angekommen, zu einem radikalen Schritt – ich stellte jegliche Verwendung (zur reinen Belustigung und Ablenkung gedachter) technischer Geräte ein. Nachdem ich als Kind und Jugendlicher, die gesamte technologische Evolution, von Schwarz-Weiß Fernsehgeräten bis hin zu unseren heutigen Smartphones miterlebt hatte und geradezu ein obsessiv abhängiges Verhalten zu all jener Technologie entwickelte, entschloss ich mich ganz bewusst dazu – zurück zu den Wurzeln – zu gehen und mit dem Stift Texte zu schreiben. In Mikrographie… um möglichst Papier zu sparen und einen Zustand zu simulieren, der in ferner Vergangenheit alltäglich war. Und auch um allen Neidern, die niemals mir zuhören wollten oder konnten, keinen Einblick zu gewähren in mein – wie ich es nenne – Werk, bevor es eben fertig war. Nach so vielen Entwicklungen in allen erdenklichen Bereichen des menschlichen Lebens fragte ich mich stets – wann wird eigentlich der Zeitpunkt kommen, in dem wir Menschen beginnen dies alles, an technologischer Entwicklung entstandene zu genießen?! Es schien nämlich eher so, als würden wir Menschen für die Maschinen da seien, als anders herum. Wir pflegten Maschinen, wir warteten sie, optimierten sie, wir kümmerten uns so sehr darum Maschinen am Leben zu erhalten, die unser Leben nicht wirklich vereinfacht hatten, sondern uns eher abhängig zu machen schienen. Und ich schreibe hier nicht über tatsächlich nützliche Maschinen, wie Waschmaschine, Kühlschrank und co., sondern über Maschinen, die in ihrer Komplexität „Alles in Allem" zu können vorgaben, sogenannte Smartphones – die eigentlich ein Traum aller jener, wie mich sein müssten, die eben noch mit „nichts" groß geworden waren. Die Anziehungskraft und auch die Möglichkeiten aber auch die Gefahren für den menschlichen Geist, insbesondere für den jungen heranwachsenden Geist war von Anbeginn der technologischen Entwicklung ein ständiges Gesprächsthema. Wie viele Stunden sollte man Fernsehen schauen dürfen; kann zu viel Computer spielen dumm machen … solche kuriosen Diskussionen beschäftigte damals die Erwachsenen unserer Kindertage … ist jenes System besser als dieses Computersystem? …Und nie vermochte jemand die grundsätzlichen Fragen des Lebens stellen zu wollen …Ich stelle sie und höre nicht auf müde zu werden sie weiterhin zu stellen:... „Wann werden wir beginnen unser Leben zu leben … ?" Wann kommt dieser Zeitpunkt...?! In all den Jahren kamen und gingen Menschen, es starben die Alten und wir, die nicht mehr jung waren beschwichtigten mit seltsamen Floskeln, wie: „ …es ist doch alles super – ich weiß nicht worüber Du Dich beschwerst!?". Ständig einen Affentanz für jeden zu tanzen … alle stets bemüht, die Träume anderer entweder zu Alpträumen zu verwandeln, oder zu versuchen die Träume ihrer Liebsten zu verwirklichen. Doch wieso sollte man ein Leben imitieren anstatt es tatsächlich zu leben!? Wieso sollten Alle alles daran setzten, bloß nicht das zu tun was sie gerne taten!? Also beschloss ich als freier Mensch genau dies zu tun – Ich tat was ich gerne und gut tat, ich analysierte, kritisierte, beschwerte mich, verdeutlichte die offensichtlichen Absurditäten und „bestrafte" all diejenigen, die offensichtlich nicht imstande waren zu leben, sondern nur im Rausch ihrer vermeintlichen Tiefe zu verweilen bereit waren… Alle die, die glaubten, so schlau, reich, schön, erfolgreich, sozial, jung… welches Wort sie auch immer verwendeten, um ihren eigenen Narzissmus zu rechtfertigen … all jene gefangen in Maschinen von Maschinen gelenkt und abhängig von ihnen, konfrontierte ich mit ihrer, aus meiner – ebenfalls egozentrischen Sicht, sinnfreien, absurden Art ihr Dasein zu fristen. Wer, wenn nicht ich sollte dies sonst tun....

Schreiben an unwirklichen Orten

Als ein anspruchsvoller Mensch, der zu sich selbst stets am strengsten war und stets ein Vorbild mir selbst vorgab, neugierig, süchtig nach Wissen, als geborener Wissenschaftler – Psychologe im Fach, ständig nach den tieferen Erkenntnissen von menschlichen – Zwischenmenschlichen Interaktionen suchend, der Tradition meiner Vorfahren, der antiken Griechen verpflichtend fühlend – mit Lehren von Stoikern, und Theorien über den sogenannten guten Staat, Platons – überfrachteter Geist, ermattete ich jedoch jeglichen Zeitgenossen, der meistens nur Zerstreuung und Lust suchte. Die meisten wollten ohnehin ja nur mehr – mehr Geld, mehr Ruhm, mehr, immer mehr. Selbst auch ständig betäubt bediente ich dabei die Vorurteile meiner Mitmenschen. So dass alle die mich als verwirrten Kauz nur zu belächeln versuchten ich trotzdem nichts mit ihnen zu tun ersuchte – denn sie waren bereits ewig Gestrige geworden – der Selbstsüchtigen Daseinsform perfekt manifestiert. Habgierig, Überheblich, Geltungssüchtig, komplexbeladen, träge, faul, neidisch – alle negativen menschlichen Eigenschaften schienen sich in meinen Zeitgenossen gleichzeitig zu entfalten. Jeder als grandioser Held sich verkaufend, von allzu aberwitzigen Banalitäten. Als mir all dieses „Opfertum" wie die jungen Menschen von heute allzu gerne

50

all jene schimpfen, die nicht imstande sind ein Leben, in Wohlstand, lebensfroh und mutig zu leben – leid war und ich mich angewidert abwendete, so waren alle dermaßen schockiert, dass es ihnen sprichwörtlich die Sprache verschlug. Selbst, früher stets in empathischem Übermut das Opfer spielend, berauscht, ja süchtig – beendete ich ab und an den Schwachsinn, um mich dann in einer Einöde der Einsamkeit wiederzufinden, die mir von Kindertagen her allzu bekannt war. Nun wollten aber alle wissen, wieso ich mich denn nicht mehr blicken lasse und wieso denn dies oder jenes – Alle wollten plötzlich so verständnisvoll mir meine eigenen Gedanken der Vergangenheit zurück verkaufen ...als würde ich der ewig Gestrige sein. Doch mir war nun alles egal geworden. Keinerlei Schamgefühl oder Reue oder gar Interesse könnte meine Neugier erwecken, wie denn auch, es war ein alter Hut der mir als neuer angeboten wurde, und nun plötzlich alle so bemüht mir meine Wünsche zu erfüllen, manch einer voller Angst ein anderer immer stets bemüht sich an meine Worte zu erinnern. Alles nur alter kalter Kaffee – ohne Seele ohne Verstand – nur Trauma das war alles. Eine Wiederholung der traumatischen Wiederholung meiner früheren Jahre, das war´s. Und manch einer versuchte mir meinen Wunsch nach seiner ach so wertvollen Gesellschaft einzureden, als wäre er oder sie etwas besonderes voller Narzissmus, blind, taub und verwirrt. Es kostete mich nur ein müdes Lächeln – diejenigen die ich sehr gerne wiedertreffen wollte, diejenigen dies auch sehr gut wussten, doch allzu sehr in altmodischen Mustern sie alle dachten voller Gedanken – meiner Gedanken. Nun ja es war ja nicht meine erste Revolution dieser Art, wer waren wir schon, arme sterbliche, nur Staub und Schatten, mehr waren wir doch nicht. Beim schreiben so schien es mir ließen mich all jene Sadisten in Ruhe. Also schrieb ich – ich schrieb im sitzen im liegen im stehen, ja manchmal sogar auf Knien. Ich suchte unwirkliche Orte, voller Lärm und Trubel, um zu schreiben, um ein Schein von Leben in der versteinerten Version menschlichen Wirkens zu erzeugen. In Cafés oder manchmal auch in öffentlichen Räumen, Haltestellen, Wartesälen, im Flughafen, überall dort wo die Verrückten, wie ich sie nenne mich nicht allzu schnell zu stören begannen. Und wiedermal zwingt sich eine unweigerliche Frage auf – wozu dieser ganze bemühte Aufwand mir eine Illusion einer lebendigen Gesellschaft voller Schauspieler vorzugaukeln, um mich – wie sie zu sagen pflegten, von meinem hohen Ross herunterzuholen. Doch sie bewiesen sich selbst und mir nur abermals das Gegenteil. Hunderte wenn nicht gar tausende solcher falschen Schauspieler scharten sich darum mir eine Welt, die so niemals echt war vorzugaukeln. In seltsamer Erwartung von etwas noch viel seltsameren.

Zu sein wie ein Vollidiot nur eben darum um zu zeigen, dass auch ich dazu fähig bin ein Vollidiot zu sein. Aber ich wollte nicht ein Vollidiot sein. Welch gesunder Geist dies von einem anderen Menschen zu erwarten sich erhoffte – deswegen nannte ich sie – die Verrückten.

Schreiben gegen den Schmerz – Der Schmerz und die Erinnerung –

Das bizarre an Schmerzen liegt in der Fähigkeit sich an sie zu gewöhnen, sie – wie ich zu sagen pflege – zuzulassen. Die Folgen allerdings für das Gemüt sind allerdings oft dramatisch. Das menschliche Nervensystem – hoch anpassungsfähig ist eben in der Lage sich auch an Schmerzen zu adaptieren, ja der Schmerz wird integriert in das eigene Selbst – man glaubt es sei der Normalzustand. Nach und nach verdunkelt sich allerdings der Gemütszustand und alles erlebte, jegliche neue Erfahrung oder Begegnung wird mit dem Schmerz assoziiert und es stellt sich eine ständige Wut ein. Als chronischer Schmerzpatient – beinahe immer diesen Zustand entweder in Erinnerung habend oder eben akut am durchleben, empfand ich kaum noch Freude, Spaß, Gelassenheit oder Lust… Alles schien im Kontext des schmerzhaften zu verblassen. Der dynamische Charakter des Schmerzes war auch nicht stabil, manchmal so schien es war er nicht mehr da und man fühlte sich frei, gelöst beinahe euphorisch. Es jemanden mitzuteilen oder gar zu vermitteln zu versuchen, der nicht ebenfalls zumindest an ähnlichen Schmerzen litt, glich einem Versuch einem Fisch das fliegen beizubringen – zum scheitern verurteilt. War der Schmerz denn nun real (akut) oder erinnerte ich mich lediglich an einen in der Vergangenheit liegenden Schmerz (chronisch)!? Diese Frage führt wiederum zu einem scheinbaren Widerspruch erkenntnistheoretischer Möglichkeiten meiner Disziplin – Dem Selbstintegrierendem Bewusstsein – wird z.B. die Frage gestellt – „Kann der Mensch seine Empfindungen und seine Erinnerungen ignorieren und/oder wird der Schmerz dann real verschwinden bzw. kann ein Schmerz ignoriert werden?" Jene philosophischen Fragen der Erkenntnis sind kaum zu beantworten, denn einerseits fehlt es uns an Methoden und andererseits wird ein Betroffener, wohl kaum aus seinem Ich kurzfristig aussteigen können, um beurteilen zu können, ob der Schmerz real oder nun nicht real ist …akut oder chronisch – alle diese zirkulären Probleme der Erkenntnisgewinnung beschäftigen auch den Neurowissenschaftler, ob er nun tätig im Felde agiert oder aus der Literatur bzw. aus den vorhandenen Daten heraus, versucht Schlüsse zu ziehen. Weiterhin ergab sich aus der Kenntnis aller psychodynamischen und neuroanatomischen Gegebenheiten heraus ein nahezu absurdes Muster zwischen real erlebtem und fiktiv befürchteten, da man als lesender in diesem Feld sogleich alle theoretischen Hintergründe bereits kannte. Als jemand der zusätzlich über ein beinahe fotografisches Langzeitgedächtnis verfügt – äußerst asketisch ohne Alkohol lebend und sämtlichen Drogen, bis auf Koffein abschwor, dabei gleichzeitig der jüngste einer in meinen Augen verrückten Großfamilie war, mit gleichzeitig autistischen Zügen ausgestattet und als wissenschaftlich theoretischer Psychologe ausgebildet, entwickelte ich einen beinahe obsessiven Charakterzug, Mythen, Märchen und fiktive – konstruierte Unwahrheiten, wenigstens für mich selbst zu widerlegen. In Anbetracht meiner Fähigkeiten bei gleichzeitig zunehmender Überalterung der Gesellschaft verdeutlichte sich für alle Beteiligten ein dramatischer Wandel, der für jeden einzelnen so kaum noch zu ertragen war.

Die Hektischen und die Gefrorenen

Die Hektischen wie wir sie alle bereits schon einmal angetroffen haben und die Gefrorenen – wer sind diese beiden Gruppen. Diese rein aus der Logik der Beobachtungen heraus entstammte dichotome Unterteilung umschreibt das Verhaltensprofil von Menschen mit verschiedenen neuronalen Akzentuierungen, oder besser gesagt Menschen, die sich in dem jeweiligen psychomotorischen Aktivitäts- und Verhaltensmuster am wohlsten fühlen. Der hier sogenannte Gefrorene ist wertfrei als jemand zu betrachten, der sich eher langsam, wohl überlegt, träge, ja manchmal schwerfällig bewegt. Und der Hektische sein gegenteiliges Pendant, der wie der Name schon sagt psychomotorisch überaktiv (hyperkinetisch) erscheint. Diese hier rein didaktisch in Reinform umschriebenen und binär kategorisierten Muster sind natürlich in der wahren Komplexität von menschlicher Ausdifferenzierung sehr stark vereinfacht dargestellt, um den Sachverhalt dualistischer Argumentationen – ihre Stärken und Schwächen und vor allem den Grenzen des politisch tolerierbaren zu vergegenwärtigen. Beginnt man nun diese Achse zwischen hektisch und gefroren empirisch auf ihre Geltung hin zu überprüfen, und sucht nach Korrelaten natürlicher Art (wie Alter, Körpergröße, Geschlecht, Gewicht etc.) so wird man mit sehr hoher

Wahrscheinlichkeit natürlich feststellen können das diese Achse mit dem Alter hochgradig korreliert ist. Dies würde bedeuten, dass ältere Menschen mit einer höheren Wahrscheinlichkeit, eher träge, langsam, schwerfällig agieren als jüngere. Oder anders herum beschrieben, dass jüngere Menschen eher agil, hektisch impulsiv auf ihre Umwelt reagieren. Dies mag auf den ersten Blick nicht sonderlich verwunderlich sein oder sogar eine tiefgründige Erkenntnis darstellen, vielmehr nur eine triviale Tatsache der alltäglichen Realität, widerspiegeln. Nun aus dieser nun stark vereinfachten binären Sichtweise heraus das gesamte dynamische (multidimensionale) Treiben von, miteinander in wechselseitiger Abhängigkeit befindlichen sozialen Gruppen oder sogar ganzen Gesellschaften zu erklären scheint naiv und ergibt auf den ersten Blick keinerlei Sinn. Betrachtet man aber aus logischer Sichtweise heraus alle jene miteinander korrelierten Achsen mit der hier beispielhaft verwendeten Achse des „Hektischen" versus dem „Gefrorenen" Aktivitätsmuster so ergibt sich, der logische Schluss das Menschen in der Mitte ihres Lebens sich in einem Gleichgewicht (Equilibrium) zwischen maximal möglicher kognitiven Kapazität einerseits und dem bereits erworbenen Erfahrungsschatz ihres bisherigen Lebens andererseits befinden. Für die jeweiligen zwei Geschlechter (Frau und Mann) ergibt sich aus der vorzufindenden Morphologie heraus und dem zeitlichen Verlauf einer weiterhin vorhandenen Fähigkeit sich zu reproduzieren (Fruchtbarkeit / Menopause) einerseits, aber auch aus dem unterschiedlichen Körperbau, der ja wie bekannt eine natürliche Folge eines hormonellen Einflusses und der damit einhergehenden Ausdifferenzierung während der Entwicklung zu betrachten ist, unterschiedliche Maxima des oben erwähnten Gleichgewichtes.

Luxusgüter – die keinen Luxus mit sich bringen

Betrachten wir den Begriff Luxusgüter und vergegenwärtigen wir uns was darunter in den Märkten käuflich zu erwerben ist und fassen zusammen, dann entsteht häufig eine Liste wie: Schmuck, Edelsteine, teure Markenkleidung, Sportwagen, Sportboote, Yachten, Alkohol, Tabak, Parfum, Drogen etc. …Alles Produkte, die weder lebensnotwendig sind, noch wirklich lebensfördernd zu seien scheinen bzw. sind. Allzu häufig sind diese Produkte einzig und allein durch ihren viel zu hohen Preis als solche charakterisiert und häufig mit Sondersteuern belegt. Sie suggerieren dem potentiellen Käufer – dazuzugehören, dabei zu sein, zu der finanziellen Elite gelangt zu sein. Doch betrachtet man die tatsächlichen Folgen die nach z.B. chronischen Alkoholmissbrauch, Drogenkonsum oder das Fahren unter Alkoholeinfluss, dann stellt man allzu leicht fest, dass der Schein trügt. Interessanterweise, sind die Käufer auch stets eher Mitglieder der niedrigen Mittelschicht oder sogar der Unterschicht, die zusätzlich der heutigen bereits frei zugänglichen Bildung gerne fernblieben und sich immerzu profilieren müssen, auch ohne Bildung es im Leben ganz weit gebracht zu haben. Allerdings fragen sich nun die Außenstehenden, ob nun gebildet oder nicht, was es wohl zu bedeuten habe, wenn ein Mensch es ständig nötig hat in der Öffentlichkeit zu betonen wie weit man es denn geschafft hätte!? Meines Erachtens zeugt es eher von einem niedrigen Selbstwertgefühl und Unsicherheit in Anbetracht unser aller Endlichkeit. So erscheint mir andererseits eine starke Besteuerung, um eben wirkliches Leid lindern zu können oder eine breitflächige Gesundheitsversorgung und Bildung zu gewährleisten ebenso sinnvoll. Und wiederum haben wir es hier mit einem gesellschaftlichen Paradoxon zu tun, insofern da der sogenannte Staat gleichzeitig, sowohl es erst ermöglicht und als Nutznießer von zweifelhaftem bis hin zu schädlichen Verhalten der Jugend auftritt, bis hin zu den Steuereinnahmen, die wiederum einem Jugendschutz und dem Gewährleisten von Bildung und Gesundheit, die jedem zugute kommt. Im Gegensatz dazu einen allzu strengen restriktiven Staat zu konstruieren, indem all jene Dinge verboten sind, und darauf zu hoffen, dass es auch funktioniert halte ich ebenfalls für naiv, da die Neugier junger Menschen und die Korrumpierbarkeit von jeglichen Beamten bereits mehrfach in der Geschichte von Zivilisationen dokumentiert wurde. So ist der Anreiz für junge männliche Erwachsene etwas verbotenes zu machen und sich gerade deswegen etwas beweisen zu müssen, weil

der Staat es verbietet in ihrer Trotzphase doppelt gegeben.

Amnesie – Waren wir nicht alle mal Kinder

Als ein Mensch der sich und seine Arbeit dem Wissen, der Erinnerung, der Analyse und dem Text widmete und demnach nach Wahrheiten suchend sich selbst als Wissenschaftler bezeichnete – empfand ich meine Mitmenschen leider allzu häufig als arrogante Ignoranten. Umso mehr ich an Erkenntnis zu gewinnen schien, desto weiter entfernten sich meine Mitmenschen. Nicht, weil ich oder sie mir böse gesonnen waren, nein – einzig und allein aus allzu menschlicher Neugierde heraus und meiner, aus der Sicht der Mitmenschen – viel zu ausgeprägten Sparsamkeit meiner Worte. So kam es dann dazu, dass ich selbst zu eben diesem versteinertem, Gefrorenen wurde, dem alles gleichgültig geworden war. Sehr höflich zwar, versuchte auch ich meinen Mitmenschen nicht allzu sehr das Licht zu verdunkeln, es leuchtete ja ohnehin noch kaum. Wie sollten denn all jene die ich auf dem Pfad meines Lebens traf, denn jemals all die Dinge die ich zu ergründen vermochte und bereits verstand – nun auch mal ebenso, ebenfalls verstehen?! Kaum jemand – Niemand um genau zu sein von allen zu denen ich noch Kontakt pflegte bzw. noch den Schein einer Verbindung imitierte – war so weit, so tief, so lächerlich kleinlich in das Wesen von uns Menschen, Primaten ja Hominiden wie ich sie als große Familie betrachte eingedrungen. Alle scherzten doch nur, so gaben sie zumindest vor. Doch in Wirklichkeit sprach lediglich ein aberwitziger egozentrischer Kleingeist aus ihnen – wie so oft aus dem Zwang heraus der Zeit zu entfliehen, der Endlichkeit ihr Grauen zu nehmen, scherzten sie, natürlich auf Kosten anderer, denn sie selbst sich ja für unfehlbar hielten. Selbst im geballten Kollektiv, vernetzt, gemeinsam abgesprochener Verabredungen und inszenierter Realitäten, begriffen sie nur selten mehr als ihren eigenen Narzissmus zu bedienen. Alles war in einer Zukunft projiziert worden, die so in der Form nie zu kommen schien. Jeder einzelne gefangen im Traum von morgen, jeden Tag von besseren Tagen träumend – vergasen allerdings die meisten sich selbst im jetzt zu erleben. Wie sollten sie denn auch es bewerkstelligen, es gab doch so viel zu tun. Jeder musste, so dachte er auch die absurdesten Wünsche des jeweiligen anderen nicht nur zu erfüllen versuchen, nein er musste diese sogar von den Augen jener ablesen können, die selbst bereits als seelenlos zu betrachten waren. Einsam, traurig, verwirrt, bereuend, verzweifelt – nur mit sich selbst beschäftigt, das „Ich“ das „Ich“ ja wieso nicht nur das eine eben „Ich“.

Transzendenz

Der Begriff Transzendenz, wie ich ihn hier aktuell verwende oder besser gesagt der geistige Zustand der Transzendenz beschreibt einen Zustand des menschlichen Zentralnervensystems, den es einerseits nicht allzu häufig zu geben scheint oder der oft als Scharlatanerie einer weniger stark aufgeklärten oder streng agnostisch oder atheistischen bzw. streng (dogmatisch) theistisch organisierten menschlichen Kohorte als verpönt galt und immer noch gilt. Den Zustand der Transzendenz kann man am ehesten mit einfachen Worten dahingehend beschreiben, dass die Art Homo Sapiens mit ihrer Jahrtausenden Jahren in Kultur lebenden Daseinsform, jedoch weitaus länger noch als Jäger und Sammler (sog. primitivere Kultur) existierenden Form ein Geisteszustand beherrscht, den man am ehesten mit den Begriffen, „über-alarmiert", „über-aufmerksam" oder „über-sensitiv" (angelehnt aus dem engl.: / hyper alertness oder -sensitiveness) beschreiben kann. In unserer heutigen, stark angepassten Wohlstandsgesellschaft, in der weder die permanente Gefahr besteht von Raubkatzen gefressen, von giftigen Schlangen gebissen, von Spinnen oder Skorpionen gestochen zu werden, ist diese geistige Fähigkeit, so scheint es verkümmert oder nur noch rudimentär vorhanden. Am ehesten trifft man solche Geisteszustände noch in

Grenzbereichen der durch chronischen oder akuten Drogenmissbrauch schlecht kalibrierter (bzw. entrückter) Nervensysteme von Menschen wieder. Kontrolliert im medizinisch überwachten Kontext pharmakologisch induziert bleibt dieser Zustand eher schwierig zu kontrollieren und in den meisten Fällen für Betroffene oder interessierte Neulinge eher angsteinflößend und oft verstörend. So geriet dieser Geisteszustand der Transzendenz in bewusster Vergessenheit bzw. ging in einen Zustand der kollektiven Verdrängung über. Als mögliche natürliche Ursachen für solch einen Zustand seien hier als Beispiele zu nennen: Soziale Isolation, Reizdeprivation, Schlafentzug – oder wie eben häufiger zu beobachten, als Folge eines durch chronischen Drogenmissbrauch verursachtes Missverhältnisses zwischen verschiedenen neuronalen Zentren des Gehirns, vorzufinden – Aber auch in der natürlichen Form manchmal aufzufinden im Zustand des Verliebtseins oder während einem akuten psychischen Schock oder Trauma, nach Trennung oder dem Verlust naher Angehöriger o.ä., vorzufinden. Um diesbezüglich nicht allzu sehr im Detail das wesentliche aus dem Blick zu verlieren verweise ich auf zukünftig von mir veröffentlichte Werke (Transcendence – The higher State of Consciousness / Siehe Anhang II). Um hier die Brücke zum aktuellen Gegenstand dieses Buches zu schlagen und die Paradoxien des dualistischen Argumentierens zu verdeutlichen und die Schwierigkeiten, die entstehen können, wenn sehr stark aufgeklärte Gruppen von Menschen, die mit solch einem strikt binär ausgerichteten Wertekonstrukt auf z.B. stark dogmatisch theistische Gesellschaften stoßen zu vergegenwärtigten, verbleibe ich am eben erläuterten Begriff der Transzendenz als begriffliches Beispiel um das Ausmaß von möglichen Missverständnissen durch falsch verstandene bzw. in einem unpassenden Kontext verwendete Begriffe, zu vergegenwärtigen. Der Begriff Transzendenz verstanden und verwendet, als ein Zustand kognitiver Kapazität und Kompetenz im Vergleich zu der Gesamtbevölkerung (bzw. der Gruppe in der man sich gerade befindet z.B. - Familie, Arbeitsumfeld, Sportverein etc.). Anders als im ersten Fall kann ich nun den Begriff, obwohl in der gleichen Disziplin (Psychologie / Philosophie) bleibend, anstatt wie im ersteren Fall eher neurophysiologisch bzw. neuroanatomisch ausgerichtet, verwendet – demnach auch sozialpsychologisch verwenden. In beiden Fällen kann, obgleich der gleichen akademischen Disziplin zugehörig, es zu Missdeutungen und Missverständnissen kommen. Diesbezüglich verwende ich gerne die biblische Metapher vom Turm Babels, in der alle Handwerker wegen der allzu großen Hybris der Menschen und dem Streben nach göttlicher Existenz durch ihre allzu stark spezialisierte Arbeitsteilung sich nicht mehr

untereinander verstanden und es zu Streitereien und
Krieg kam.

Der Experte versus „Weisheit der Masse"

Eine weitere mir sonderlich interessant erscheinende Paradoxie der Erkenntnisgewinnung ergibt sich aus dem Charakter empirischer Forschung selbst, im Gegensatz zum Expertenwissen. So sucht man als Laie für z.B. ein bestimmtes Problem ganz selbstverständlich den Rat eines sogenannten Experten. So z.B. im Krankheitsfall geht man zum Arzt und wenn wiederum der Abfluss leckt so fragt man den Klempner. Streikt hingegen der Internetanschluss so ruft man den IT-Spezialisten, der dann wieder alles richten wird. Aus der Logik der kommerziellen Motive und Interessen heraus ergibt sich bei gleichzeitiger Abhängigkeit des betroffenen Laien (z.B. benötigt der Laie den Internetanschluss um zu arbeiten) allerdings ein Machtgefälle, welches allzu häufig zu einem missbräuchlichen Agieren des Experten führen kann. Der Experte, kann die in dieser Situation offensichtlich entstandene Machtsituation zu seinem Gunsten instrumentalisieren und ein vorhandenes Problem zusätzlich weiter problematisieren oder salopp gesagt, verschlimmbessern (also es kurzfristig lösen aber langfristig verschlimmern), um den Kunden weiterhin zu binden und weitere Rechnungen ihm auferlegen zu können. Der Kontrast zum

Experten dagegen ist die empirisch gewonnene Stichprobe, die es einen Forschenden ermöglicht bei vielen verschiedenen Meinungen (sogenannten Messungen) zu einer recht guten Abschätzung eines wahren Zustandes eines sonst maskierten Phänomens zu gelangen. Nun ist der Aufwand und die damit einhergehenden Kosten ebenfalls offensichtlich enorm. In beiden Fällen unterliegt der betroffene Kunde oder Forscher dem Problem des Vertrauensvorschusses – in beiden hier Beispielhaft dargestellten Fällen, sind vorab keine Resultate zu erwarten, wenn kein Vertrauen vorab gegeben wird, da entweder das hier beispielhaft erwähnte vorhandene triviale Problem (z.B. defekter Internetanschluss) unbehoben bleibt oder eben durch die zu rigorose und große erforderliche Stichprobe im Falle eines Forschungsvorhabens der Aufwand zu groß erscheint und die Unbeantwortete Fragestellung somit ebenfalls für den Forscher ungelöst bleibt. Dieses hier kurz umrissene Paradoxon und weitaus mehr – ja unzählige scheinbare Paradoxien entstehen, wenn man eine allzu rigorose dichotome Sichtweise auf recht komplexe, überdimensionale Phänomene anwendet. Und auch hier möchte ich keineswegs, schon gar nicht in drei oder vier Sätzen eine Universallösung für solch gearteten Vereinfachungen darbieten, sondern möchte vielmehr den Blick aller meiner Leser für wesentliche Sachverhalte schärfen.

Logische Erkenntnistheoretische Grenzen der Erkenntnis selbst

Immer dann, wenn Menschen zusammenkommen so kommt es eben auch zu zwischenmenschlichen Spannungen und sogenannten Reibereien. Die meisten Menschen sind ihren Fähigkeiten und Defiziten entsprechend darum bemüht sich in einem besonders gutem Licht zu präsentieren. Sie möchten von allen anderen Menschen bewundert, umsorgt, bespaßt und umworben werden. Primaten und Säugetiere im allgemeinen machen dies in der Regel um ihr Dasein unter ihresgleichen bestätigt zu sehen. Der Mensch als ganz besondere Kategorie unter ihnen unterliegt durch seine aktive aber auch passive Möglichkeit der Kommunikation einem Phänomen, welches ich hier als asymmetrisches Informationsdefizit bei gleichzeitiger transzendentaler also nonverbaler Appetenz (in Alltagssprache besser bekannt unter dem Begriff – Anziehung – Attraktion oder Sympathie) bezeichnen möchte. Jeder kennt das sprachliche Phänomen, man sagt dann beschreibend solch Floskeln wie man hat ein guten Draht zueinander, man versteht sich gut, oder in jugendlicher Umgangssprache – er steht auf sie (sie ist verrückt nach ihm) sie sind verliebt / er ist verliebt usw. Oft ist es allerdings so, dass wie das Sprichwort sagt, des einen Freud ist des anderen Leid – Artgenossen miteinander wetteifern. Frauen untereinander und Männer untereinander um die Gunst des jeweils anderen Geschlechts. Solche gruppendynamischen Konstellationen führen wie oben erwähnt unweigerlich zu sogenannten Reibereien, dabei sei angemerkt, dass innerhalb von heterogenen Gesellschaftsstrukturen (also in Alter, Bildung, Reichtum, Religion, Aussehen etc.) diese Reibereien häufiger zu sein scheinen als in homogenen. Was ich aber wiederum eher für einen stereotypen und dualistischen Trugschluss halte. Viel eher, so scheint es sind die wahrgenommenen Konflikte bzw. der Umgang mit diesen entscheidend, ob Gesellschaften gut und lange und harmonisch funktionieren oder in Chaos, Streit und Krieg münden. Gefühle des Neides, als Folge von wahrgenommener oder tatsächlicher Ungerechtigkeit, oder der tatsächliche Mangel an menschlichen Fähigkeiten und der damit einhergehende Selbstwertverlust oder die Entstehung eines Abhängigkeitsverhältnisses sind logische Konsequenzen daraus. Niemand möchte als minderwertig oder als nicht liebenswert im Abseits des Geschehens als Sonderling bzw. schwer vermittelbarer Mensch gelten. Und dies führt wiederum dazu, dass Menschen dazu neigen sich gegenseitig entweder schlecht zu reden (sogenannte Entwertung) oder eben Über-Idealisieren, manchmal passiert dieses, um sich entweder selbst in einem besseren Licht darzustellen (Entwertung) oder aber eben, um einen geliebten Menschen in einem besseren Licht abzulichten (Idealisierung). Auch hier findet sich wiederum die Dualität wieder, die für manch komplexeren Sachverhalt mir doch wieder zu plump erscheint. Aus tiefenpsychologischer Sicht heraus spricht man dann von Selbstwert stabilisierenden Argumentationsschleifen, die eben, wie der Name schon sagt das sogenannten Selbst stabilisieren sollen. Die Schwierigkeit bei solch Zwischenmenschlichen – salopp gesagt – Reibereien ergeben sich unweigerlich aus der Natur der Sache selbst. Denn, da der Mensch sich selten in einem Zustand der totalen Transzendenz (siehe Kapitel Transzendenz) und vollkommenen Kompetenz gegenüber allen seinen Artgenossen befinden kann, weil er als soziales Lebewesen mit ihnen in ständiger wechselseitiger Verbindung steht und somit eher ein Abbild der mentalen Kapazität darstellt, oder des Ausmaßes an gewünschter Abgrenzung zu anderen (unerwünschten) Gruppierungen, abbildet.

Das angeschlagene Vertrauen

– Überwachung/Stalking, Lügen und intrigantes Verhalten (Achse B)

Die den Menschen heute zur Verfügung stehenden Mittel wie Internet, Smartphone, Drohnen, Überwachungskameras und Abhörmöglichkeiten, GPS Ortung etc.. Haben den sogenannten Heiratsmarkt zu einem Spionagekrimi verwandelt, der kaum noch an Absurditäten zu überbieten ist. Stets dem mangelnden gegenseitigen Vertrauen entsprechend versucht nun jeder den anderen (geliebt oder gehasst) entweder zu einem gewissen Verhalten zu drängen oder eben ihn beim Scheitern oder überschreiten gesetzlicher Grenzen zu ertappen. So kommt es nun auch durchaus vor das der notorische Lügner, der sich so dermaßen an das Lügen gewöhnt hat, dass er es nicht mehr abstellen kann – plötzlich glaubt alle anderen würden ebenfalls dermaßen konsistent Lügen. So ist es eine beinahe triviale Konsequenz, wenn innerhalb einer gewissen Gesellschaft, in der Mitmenschen durchgehend und immerzu belogen und hinters Licht geführt wurden es dazu kommt, dass es bei den jüngeren Individuen unweigerlich zu einem chronischen Mangel an Vertrauen kommt. Diesbezüglich sind das die wahren Ursachen hinter den fragilen Beziehungsmustern heutiger Er-

wachsener und die unwahrscheinlich seltsame Art –
wie der moderne Mensch versucht hat – alles, nur nicht
menschlich zu sein. Viele der älteren Individuen ihr
leben lang sich als Sadisten und Rassisten stilisiert,
wollten plötzlich als Humanisten wahrgenommen werden, die sich nur einen Spaß erlaubten oder andere
wiederum ewig neidisch und missgünstig, gaben sich
über Nacht als verständnisvolle und tolerante Menschen aus. Andere wiederum, ewig dem Rausch hin-
terherjagend waren plötzlich asketische Intellektuelle,
die jedoch nicht lesen konnten, geschweige denn
schreiben. Diese Lächerlichkeit menschlicher Schauspieler in einer Zeit in der sich jeder sicher wähnte im
recht zu sein, aber niemand mehr redete, lesen konnte
auch nur spärlich jemand und schreiben ja auf 160 Zei-
chen beschränkte Textnachrichten über das Smartphone. Das war alles, traf man diese Menschen dann Live
so offenbarte sich der wahre Abgrund ihrer Existenz –
träge, alt, frustriert, schwach, unwissend, heuchelnd, ja
alles nur nicht wahrhaftig.

Der Anspruch auf Wahrheit und die verkaufte Lüge

Als jemand, der sich selbst nahezu immer mit der Berufsbezeichnung Wissenschaftler oder Psychologe vorstellte und den eigenen Anspruch auf Wahrheit recht ernst zu nehmen gewohnt war und gleichzeitig dabei viel zu neugierig auf alles und jeden war – in Düsseldorf / Deutschland am Ende des 20igsten Jahrhunderts groß geworden und dem Leben in allen Lebenslagen stets gelassen, mit Ironie – Witz, Charme und Sarkasmus begegnend, erlebte ich alle Jahre wieder die tragisch-komische Schleife meines Lebens. Als jemand der seinen persönlichen Alptraum beinahe täglich lebend, frei von Angst durchs Leben zog, zweisprachig groß geworden war und eine dritte weitere Sprache bis zur Erschöpfung erworben hatte – einen Hang zur experimentellen Erkenntnis immer in mir hatte und mich nie meiner Fähigkeiten schämte, obwohl ich sehr Vorsichtig mit ihrer Anwendung umging, entwickelte ich nach und nach eine immer ausgeprägtere Dünnhäutigkeit gegenüber, in meinen Augen Absurditäten, Schwachsinn, oder wie ich es nenne einfach nur Aberglaube und Mystizismus. Selbst im Bereich Psychologie, Neuroanatomie und Statistik bewandert und der Erkenntnistheorie sowie der

Testtheorie zugewandt, wunderte ich mich immer stets wieso so viele Menschen sich mit der rigorosen Anwendung einer aufgeklärten Erkenntnis schwer taten. Ob es nun die aktuellen Tagesnachrichten oder die Wetterprognose, die Preisentwicklungen oder die neuesten technischen Errungenschaften betraf, egal um was es sich letztendlich handelte es schien alles immer systematisch falsch verstanden zu werden. Ob nun die Empfehlungen vom Arzt bezüglich einer ausgewogenen Ernährung oder der respektvolle und ordentliche Umgang untereinander – stets wurde immer alles genau falsch gemacht, so schien es mir. Sollte gefastet werden, da die Körpermasse schon zu groß zu werden drohte, wurde der weiteren Völlerei mehr Beachtung geschenkt. Sagte der Arzt man solle weniger rauchen oder am besten aufhören, so wurde plötzlich mehr geraucht. Alle Menschen schienen exakt immer das falsche zu tun!? Beinahe magisch an sich, wollte ich dieses absurde Phänomen ergründen. Als Psychologe mit recht guten Voraussetzungen diesbezüglich konnte ich auf eine baldige erfolgreiche Erkenntnis zählen. Doch wie so oft ergab es sich eben nicht so, sondern es offenbarten sich die tiefsten Abgründe menschlicher Fehlbarkeit, die ich so in der Form kaum zu ertragen bereit gewesen war. Wenn ich heute allerdings rückblickend auf die Art und weise reflektiere, wie Menschen ihre Ansichten, Methoden, Künste und Dienstleistungen anbieten und vermarkten, dann wird mir klar wieso alles dermaßen schräg sich entwickelt hatte. Denn, der wie ich ihn nenne, gewöhnliche Mensch, eben nicht wie ich zweifach und dreifach gebildet mit einer Obsession zur Erkenntnis ausgestattet, der sogenannte Bürger der – Mitte – hatte keine sonderlich große Wahl, er wurde zum Opfer seiner unbeholfenen, Gemütlichkeit. Er wie gesagt glaubte allzu oft die Lügen und Märchen der Werbeindustrie, er bewegte sich zu wenig, kochte nicht, Aß schlecht und das, obwohl er sich alles hätte leisten können, um eben gesund zu leben. Oft natürlich waren auch berauschende Substanzen im Spiel, ob Tabak, Alkohol, Cannabis, Stimulanzien … alles was der Bürger von Welt sich so gönnte. Denn das Motiv der Werbeindustrie oder der Tabakindustrie, der Brauereien und so fort waren ja nicht die Aufklärung des Bürgers, sondern die Vertreibung von Produkten und die damit einhergehende Maximierung von Profit. Also war ich selbst bereits einzig und allein durch meine Qualifikation und meinen Anspruch auf Wahrheit bereits auf verlorenen Posten. Denn wenn z.B. eine Tageszeitung oder ein Kanal oder eben ein Verlag eine gewisse Geisteshaltung suggerierte, dann tat sie das weder mit der Expertise eines Wissenschaftlers, noch aus dem Motiv der Aufklärung heraus. Es geschah lediglich aus kommerziellen Motiven heraus. Und der Konsument jener Tagesblätter und Informationen war auch nicht gewillt sich aufzuklären, sondern wollte sich lediglich in seinen Stereotypen bestätigt sehen. Zum Beispiel alle XYZ sind doof oder alle QRS sind faul… etc. diese sehr plumpe Geisteshaltung so vieler Menschen des 21ten Jahrhunderts widerstrebten mir dermaßen, dass ich gleichzeitig aber auch nicht weggucken konnte. Wie eine Motte die ins Licht flog. Wie eine unstillbare Neugier wollte ich herausfinden was mit solch gearteten Artgenossen nicht stimmt, um mein wissenschaftlichen Voyeurismus zu bedienen. Die Auflösung dieses Phänomens war für mich dermaßen trivial banal, ja geradezu enttäuschend. Bereits als Jugendlicher gewusst konnte ich mir lediglich nicht mehr vorstellen, dass erwachsene Menschen dies tatsächlich weiterhin so sehen und handhaben. Der Fachbegriff – Narzissmus. Es waren so sagte man damals als junger Mensch einfach nur komplexbeladene Menschen, die ihrer eigenen Wichtigkeit natürlich mehr Beachtung schenkten als die ihrer Mitmenschen. Im Irrglauben gefangen, jeder andere gesunde Mensch würde dies oder jenes ebenso sehen müssen wie sie selbst. Eine viel zu triviale, ja traurige Erkenntnis wie sehr doch Menschen sich selbst Schaden zufügen, um nicht an ihrer Existenz wachsen zu müssen. Dies war soeben auch die Quelle meines eigenen gelebten Alptraums, die Erkenntnis, das der Mensch – wenn man ihn doch lässt, verkümmert und als Schatten seiner selbst lediglich dem Primitiven huldigt. Dies ist das wahre paradoxe Dilemma der doch so hoch gefeierten Freiheit. Ähnlich wie Sparta gegen Athen wetteiferten – Ähnlich so auch heute versuchen allesamt ihrem Schauspiel Geltung zu verschaffen. Doch eins sie alle vergasen, all jene, die halbgebildet mit Halbwissen vollgestopfte Winzlinge, all diejenigen, die sich nun noch immer fragen, aber wie denn nur, manch einer glaubt an Hexerei, ein anderer greift schon zu Glas, und alle gucken sich so ratlos an, wie kam´s was ist passiert!? Wie ist es so passiert?! Ein lauter Witz voller halbvoller, um nicht zu sagen halbleerer Flaschen, die immer noch Angst vor dem Teufel haben und die Hexen jagen, ja so wie immer.... Alle guten Dinge sind drei! Und das magische Dreieck mit einer Winkelsumme von 180° - im dreidimensionalen Raum nicht immer gleichzeitig auch wie auf der Ebene sich verhält, aber was schreibe ich hier, für wen.... Das Bild, der Film – das sei nun die Zukunft, ohne jegliche fundamentale Bildung werden wir nun von den Analphabeten erzogen, denn diese, die uns alle überleben werden, denn sie sind noch klein. Und einen doch noch einen sie alle vergasen ihn und seine Fähigkeiten – den Psychologen, den wahren Psychologen der nur zu neugierig gewesen ist, um zu sehen was passiert.... ja das war schon alles, die Neugier als Phänomen der menschlichen Größe.

Die Imitation

Das eigentlich hier in meinen Augen schwierige Unterfangen eines produktiven Geistes liegt in der oft gleichzeitig konkurrierenden Fähigkeiten, Wünsche, Triebe, und dem unzureichend vorhandenen Selbstvertrauen in einen Schaffensprozess, der aus der beginnenden Phase heraus als so weit weg liegend und demnach schwer zu präantizipieren erscheint. Als Autor, Künstler, Bildhauer, Wissenschaftler, Architekt usw. ergibt sich dieser Umstand ganz unweigerlich aus der Realität heraus, des sogenannten 'weiße Leinwand Phänomens' oder dem Problem welches entsteht, wenn ein zu rigoroses perfektionistisches Hantieren, jeglichem Fortschreiten im Wege steht. Nur kurz erwähnt, auch unter Wirkenden häufig beschriebene Realität, die sogenannte mangelnde Inspiration. Dieses wechselseitige Spannungsfeld jemanden außerhalb der oben beschriebenen Tätigkeitsfelder zu vermitteln gleicht einem Drahtseilakt der besonderen Art. Nun versucht natürlich ein Mensch, um sich selbst und seinen Mitmenschen Geltung zu verschaffen und zum Beispiel dem anderen Geschlecht ein gutes Bild (in u.a. Bildung, handwerklicher Fähigkeiten, Intellekt, Vermögen etc.) zu vermitteln, seinen tatsächlichen Zustand einfach ausgedrückt zu beschönigen, sich besser darzustellen als man wohl möglich ist etc.. Man imitiert ein

„Ich" auf Kosten der eigenen Glaubwürdigkeit. Als ein im Felde agierender Wissenschaftler und Autor im Fach Psychologie, der andererseits auch seine Inspiration aber auch sein Lebensunterhalt in der Gastronomie – einer Branche im Bereich der Unterhaltung und einem Ort der professionellen Intoxikation – wie ich es häufiger nenne, verdiente, ergab sich eine überdimensionale Co-Abhängigkeit, bei scheinbar gleichzeitiger Unmöglichkeit einer Abstinenz gegenüber gewisser Substanzen und gleichzeitiger vertrauensvoller Zugänglichkeit in gesellschaftliche Kreise über die man einerseits neugierig war und schreiben und berichten wollte, oder eben nur aus Sorge gegenüber seinen engsten Freunden und Verwandten heraus, über die man wachen mochte. Der stark invasive Charakter berauschter Menschen und die gleichzeitig enorme körperliche und geistige Anstrengung in diesem Felde blockiert andererseits jegliche benötigte Ruhe und Aufmerksamkeit, um ein produktives und authentisches Schreiben zu ermöglichen. Ferner ergab sich daraus ebenfalls ein prekärer Zustand – des in Gesellschaft lebenden, der einem würdevollen Leben und Dasein sehr stark im Wege stand. Der sprunghafte und wechselhafte Charakter menschlichen Wirkens, in Abhängigkeit mit miteinander vernetzten und in Verbindung stehender Mitmenschen (Ob nun offen oder verdeckt) und gleichzeitigem exzessiven Rausch brachte so manch einen an die Grenzen seines ohnehin schon dünnen Nervenkostüms. Die sogenannten ohnmächtigen Mächtigen wetteiferten plötzlich mit zum Teil widersprüchlichen Ausrichtung an der Gestaltung einer urbanen Realität, in welcher der sogenannte „Faktor Mensch" nur zu stören schien. Für wen und warum in dieser oft grausamen Form musste ein z.B. Arbeitsplatz, ein Wohnort oder die Infrastruktur geschaffen werden!? Des einen Freud des anderen Leid. Die sogenannte Wirtschaft schien zu florieren, doch Nachwuchs der sogar noch ordentlich betreut wurde schien keiner mehr haben zu wollen!? Für wen und warum waren immer meine Fragen – muss nun der Löffel denn aus Gold bestehen um eine dünne Suppe ganz alleine auszulöffeln!? All jene polemischen Kritiken, gefielen natürlich nicht allen. Die alternden, schönen, reichen und vermeintlich erfolgreichen fühlten sich in ihrem Leid ertappt und wütend schrien sie daher... doch siehe da es hörte sie keiner mehr... alle waren fortgegangen.

Das Medium – die Medien vom Buch zum Film zum Internet

Und siehe da, nochmal der doppeldeutig redundante Wahnsinn. Eine analoge Analogie oder der digitale Digitalis. Vom Meskalin zu Muskarin, Dopamin und Acetylcholin, der der zu viel wusste und nicht mehr bereit war zu sprechen, denn alle anderen ja sprechen wollten, sie redeten und redeten, doch sagten nichts, denn wie wir alle ja schon wussten, ihre Geschichte sie bereits wiederholten, nicht das erste mal oder das zweite mal, nein es war das 74igste mal – doch wehe man wagte sie zu unterbrechen, oje ojemine, stets in Wut sie entbrannten. Sollte man nun als Verständiger so tun als sei es stets normal oder sollte man sich dumm stellen?! An die Mathematik und alle jene die stets nicht wussten aber auch nicht lernen wollten, plötzlich ist der Tag nun da wo alle sich dem Menschen aufgeschlossen waren – als ewig immer stets alle Menschen verachtend, wollten plötzlich alle sie mögen, nur weil sie dachten, es sei nun Trend. Und ich begegnete ihnen stets mit den Worten, „ … hey Du warst doch auch mal jung, erinnerst Du Dich denn nicht – und sie antworteten mir, „Wovon redest Du denn nur, ich bin erwachsen!?“ Und alle wollten stets ihr eigenes Leben leben, bloß nicht das mit ihren eigenen Kindern, nein wieso denn bloß, sie zu zeugen das reicht doch wohl, sowohl Weibchen wie auch Männlein, dachten sie sich nun, alle ihre Sorgen sie nun anderen können sich es besorgen … Ja sie stellten sich alsbald so plötzlich als dumm, hilflos, bedürftig, alt, krank, dar – alles nur nicht verantwortungsbewusst. Alle wollten nur das schnelle Los. Hauptsache hier heil froh raus, denn die Plagegeister ihnen schon zu viel waren. Ja, ja … so sagte man. Einen Crashkurs schnell belegt, glaubte man auch schon man sei der Schlauste, der – der von der ganz schlauen Sorte. …zu kurz im Geiste und der Körper auch schon kurz und klein, musste das spitze Maul ganz laut werden, um den fehlenden Verstand plötzlich wettzumachen – nur, um so klein und rund wie man nun war, nicht auch noch zu dumm zu erscheinen. Voller Hass ein leben lang sich stolz wähnte, allen denen, die stets allen anderen zu helfen vermochten ihnen man nur Beifall klatschte, reden – ja reden konnten alle wie die Großen aber zahlen, zahlen nur wie die Kleinen. Wie gesagt eine Gesellschaft misst sich daran wie die Schwächsten behandelt werden. Doch nun wir alle schwach sind …Einmal sind wir doch alle schwach… oder lebt jemand ewig?!

Bücher, die keiner – mehr verstand und / oder keiner mehr lesen wollte

Nach all den erlebten Lebensjahren, in der Mitte meines Lebens angekommen resümierte ich sehr nüchtern, in welch desolatem Zustand nun unsere doch so sehr geliebte Gesellschaft sich befand, angefangen voller lebensbejahender Energie in voller Jugend jedem Abenteuer offen und fröhlich gegenüber eingestellt. Sprechend, lachend feiernd, alles was der Mensch so zu bewerkstelligen vermochte, wurde mindestens auch ausprobiert. Doch der gegenseitig herrschende Neid und Hass und der Narzissmus schien viel zu stark zu sein. Manch einer erwartete, dass alle lachen werden, doch siehe da es weinten plötzlich allesamt. Der, der immerzu alle belog, wollte plötzlich Anspruch auf Wahrheit erheben – der, der viel zu dick und rund, erklärte allen anderen nun die neueste Fastenkur, der Trunkenbold, der nun auch noch Drogen nahm, voller Elan allen anderen das Lachen nahm. Jeder eins hatte seine allzu menschlichen Laster, doch wieso war dies alles nun so fremd, konnte nicht jeder versuchen das beste daraus zu machen. Warum musste der eine stets dem anderen ein Dorn im Auge sein, … mein Resümee diesbezüglich war eineindeutig. Es war alles nur gespielt, jeder einzelne gestellt und bemüht, sein jämmerliches Dasein zum besten hin zu gestalten. Und niemand hörte jetzt noch zu, es waren alle Seelenlose geworden. Nackt, blind, taub, voller vergifteter Gedanken. Keiner fragte mehr solch Fragen wie: „Wie geht es Dir?!" und wenn – dann erwartete auch niemand eine ehrliche Antwort diesbezüglich. Es waren alles nur noch Phrasen, jeden einzelnen sollte in ein Netz voller Lügen, und Intrigen getrieben werden so wollten es die herrschenden Grauen nun. Bloß kein Drama alles – easy coming, easy going – ist der neue Trend. Fragt jemand trotzdem nach warum, so ist er gleich ja schon der Feind. Was haben wir uns nicht schon alles angehört. Vom Märchen des bösen schwarzen Manne zum bitterbösen Moslemmann, der üble Kommunist, der böse Kapitalist, alle waren sie schon einmal dran jeder durfte mal ran, der Grüne, der durchs Dosenpfand alsbald die Macht in der Hand nun plötzlich die Füße hochlegte und träumte vom weißen Hasen mit Schokoladenrand. Alle Geister unserer Zeit waren nun reale Schatten ihrer selbst geworden, an dem ganzen Ruhm zu ersticken drohten. Jeder einzelne wollte nun gefeiert, gestreichelt, und als der wahre – der richtige dargestellt werden, jedem anderen die Butter vom Brot nehmend, obwohl genügend Butter für alle da war. Nur so – sagten sie, weil man es einem nicht gönne. So definiert man Irrsinn – dachte ich mir. „Ich!" sagte der Wicht – nein Ich wollte der Troll um dann zu finden aller Groll – aber „Ich auch!" schrie dann schon bald vom Hintergrund der eine oder andere „Ich auch" so sagten alle im Chor. „Ich" – so ein trauriges Schauspiel voller „Ichs, Icher und am Ichesten" – so nannte ich sie nun!

Die denkende Wut

Als jemand der nicht viel und oft redete und Mitmenschen dadurch allzu oft verwirrt schienen, erinnere ich an manch einen Vorwurf, mit dem ich mich konfrontiert sah. Der doch in meinen Augen an den Haaren herbeigezogene Vorwurf, ich sage nichts, ich denke nur, so passiv und – ich monologisiere nur und ich rede als würde ich nicht existieren in belehrender Form. Allerdings missfiel mir diese Sicht einerseits, andererseits konnte ich auch nicht die Kraft aufbringen diesem Schwachsinn ein ebenso schwachsinniges Gebaren entgegen zu setzten. Manchmal in überschwänglicher Hoffnung mein neu Entdecktes, oder der in mir entstehende Wunsch etwas eben zu besprechen, zu planen oder einfach meine Worte und Gedanken mit zu teilen, mit dermaßen bemühten Entwertungen sich konfrontiert sah, dass es für mich eben nur eine Frage der Zeit zu seien schien, bis ich meine Kommunikation mit dem Nichts (wie ich es nun nenne) gänzlich einstellen würde. Viele Artgenossen schienen ihr Gerede und ihr gegenseitiges – nebeneinander her reden tatsächlich zu genießen. Der Form mehr Gültigkeit und Bedeutung beizumessen, als die des Inhalts?! Eine für mich bis heute unerträgliche und unverständliche Realität – floss dabei nun auch noch Alkohol, so gab es keinerlei bremsen oder stoppen, die ununterbrochene

Redseligkeit ohne Punkt und Komma schien nun unaufhaltsam ihren Lauf zu nehmen. Kein halten mehr, kein bremsen, keine Schamgefühl, nichts konnte den Sprechenden aufhalten. Mein allzu übertriebenes Verständnis diesbezüglich verwandelte sich mit jedem weiteren geschwafeltem Wort in eine angestaute denkende Wut. Heute darüber rückblickend reflektierend – kann ich nur darüber lachen, wieso ich denn meine kostbare Zeit eben diesem chronifiziertem Leid auch noch Aufschub leistete, indem ich immerzu dem jeweiligen Menschen weiterhin Gehör schenkte. Das Phänomen der Co-Abhängigkeit als nicht klinisch arbeitender wissenschaftlich theoretisch arbeitender Autor hatte mich nicht sonderlich interessiert und führte dazu, dass ich selbst zum Opfer wurde, obgleich ich vom Fach war. Wem war nun geholfen worden – denn diese Co-Abhängigkeit war ja keineswegs zufällig entstanden, sondern war ein Resultat meiner Sorge gegenüber meinen Mitmenschen geschuldet. Als jemand der zu viel trank, kannte man sich nun mal von Kindesbeinen her und gänzlich seine Hoffnung den gequälten Geistern gegenüber zu verlieren, dies war eben auch nicht meine Art. Aber wem war nun geholfen worden – mir der sich selbst und sein Nervensystem an seine Grenzen brachte oder dem Mitmenschen, der in Gesellschaft noch viel eher seine Rechtfertigung des weiter Trinkens fand!?

*** – Nur die Toten haben das Ende des Krieges gesehen! - Aristoteles ***

Anhang I

Paradoxien des menschlichen Alltags

Kuriose Erlebnisse eines Wissenschaftlers, der sich selbst als das göttliche Instrument verwendete und begann die Welt mit offenen Augen zu durchqueren. In einer Zeit groß werdend in der die uns zur Verfügung stehenden Instrumente nahezu stündlich besser, schneller, präziser und vernetzter wurden, drängte sich für mich als Psychologe immer mehr ein Gedanke auf der nicht mehr wegzudenken war. Für wen werden all diese Maschinen eigentlich optimiert?! Es schien schon in meinen jungen Tagen so, dass es kaum noch Nachwuchs gab – sprich einen Mangel an Fachkräften, wie man heute noch zu hören bekommt. So gab es als Beispiel Röntgengeräte, Magnetresonanztomografen (MRT), Positronenemissionstomografen (PET), es gab alle möglichen Fahrzeuge in jeder erdenklichen Größe und Version. Ganze Zentren und ganze Universitäten gefüllt mit technischen Errungenschaften der letzten 100 Jahre. Es schien alles zu geben aber, wenn man dann genauer in die Materie schaute ergab sich ein ernüchterndes Bild der abhanden geratenen Bevölkerung. Denn logischerweise dauert die Ausbildung eines Arztes oder eines Physikers, eines Wissenschaftlers länger als manch einer glaubte. Wie sollten nun in der gleichen Zeit in der hunderte wenn nicht sogar tausende neue Geräte entworfen, entwickelt und sogar gebaut wurden gleichzeitig Menschen ausgebildet werden, obwohl jeder ein Singledasein durch eben diese längere Ausbildung fristete?! Ein obskures, ja absurdes Unterfangen wie es mir schien. Gleichzeitig herrschte aber auch ein beinahe grenzenloser Geiz gegenüber einer beruflichen Zuweisung für jene Stellen. Verständlicherweise sollten nur fähige diese sensiblen Geräte bedienen dürfen. Doch betrachten wir den Ist-Zustand nüchtern, numerisch so ergibt sich ein nahezu lächerliches Unterfangen, da nun auf 10 zu besetzende Stellen, um diese jeweiligen Maschinen zu bedienen nur noch 2 reale Personen vorhanden sind. Ähnlich verhält es sich auch bei Smartphones, herkömmlichen Pkws oder eben bei alltäglichen Gebrauchsgegenständen wie Uhren, Toaster, Mixer, Kaffeemaschinen etc. es gibt mittlerweile viel mehr Gegenstände als Menschen, die diese benutzen könnten.

Kurzgeschichten und Missverständnisse

Beispiele kurioser Situationen, die immer wieder vorzufinden sind und die wahren Hintergründe dahinter – Eine Sammlung real erlebter Situationen und die Folgen für uns alle.

Wir Menschen trunken vor Leben sind uns allzu oft sehr sicher über unser Werdegang, unser Verhalten unser sogenanntes Ich. Wir verteidigen mit beinahe allen Mitteln unser, aus meiner Sicht doch sehr fragiles „Ich". Manchmal stolz, fröhlich, verletzt, enttäuscht, vergiftet, übermütig usw. Eines wohl scheinen wir alle sehr effizient zu verdrängen, den subjektiven Charakter der Dimension Zeit; mit Uhren ausgestattet Mobiltelefonen, Rundfunk, Internet, Zeitungen und was nicht alles unseren Takt vorgibt, suggerieren wir alle uns oft eine Objektive – linear nach vorwärts gerichtete Zeit … Doch wie wären dann all die relativen Erlebnisse in der einmal unsere Zeit rast … und einmal (wir nennen es Langweile) die Zeit stehengeblieben zu sein scheint, erklärbar!? Und obgleich die meisten Mitmenschen ausnahmslos diesen „langweiligen" Zustand als qualvoll erachten, erging und ergeht es mir bis heute anders. … Das Studium und die Erkenntnisse zum plastischen und dynamischen Charakter unseres Nervensystems und die wahren Hintergründe für das „Empfinden der fließenden" Zeit ermöglichen mir meine Zeit so wie sie eben ist zu genießen. … was die meisten meiner Mitmenschen so nicht konnten; auf die Frage wieso, fehlten und fehlen mir allerdings die Worte um den Mitmenschen es zu vermitteln. … Nicht, dass ich es nicht bereits beinahe 30 Jahre lang versucht habe und nicht müde werde dies jedem Interessierten auch weiterhin versuche zu vermitteln, jedoch stieß und stoße ich beinahe immer auf seltsame psychische Widerstände. Wut, Verzweiflung, Neid, Angst, bemühtes Unverständnis, Ratlosigkeit …all diese Worte beschreiben am besten, wie mir jedermann entgegnete. Unbeholfen, primitiv, ja beinahe geistig zurückgeblieben, vergiftet, in einer Rolle steckend, als Lügner durchs Leben gekommen, stets gab es eine logische Erklärung für dermaßen konsistent schwachsinniger Reaktionen auf gesagtes; Aber hinter all dem steckte noch viel mehr …die Illusion der Illusion selbst …Jemand war immer stets bemüht zu ergründen was oder wie ich dachte, um nur dann allzu vehement genau das Gegenteil zu sagen oder zu machen. …Doch ich war schon am Ende angekommen und näherte mich bereits von dort auf ihre ewige Gestrigkeit. …Wie könnten diese dann mir ernsthaft auf die Nerven gehen, wenn sie doch nur allzu sehr ihre eigenen Idioten imitierten …Auf ihren Weg war nur „Unfreiheit“ sie taten Dinge, weil sie dafür bezahlt wurden und sie taten dies alles tatsächlich nur für mich, … wie seelenlos und traurig. Ich dagegen Tat was ich immer gerne tat, ab und an, um die Meute zu täuschen tat ich es ihnen gleich und tat was sie auch alle taten, …aber Glücklich machte dieses Niemanden, weder mich noch irgendwen …Als man noch jung war ergab ja alles seinen Sinn, man wollte eben auch ein Drink hier eine Party dort erhaschen …vom sogenannten Kuchen etwas abbekommen …Aber wenn dieser Kuchen doch vergiftet ist so schrie ich immer auf … So erntete ich ab und an Applaus von Ärzten und gebildeten, die Meute aber stürzte sich darauf; Essen und Trinken bis der Wanst rund und der Verstand hinüber war…

Geld – Der generalisierte Verstärker und die Illusion des käuflichen Glücks

Geld

Wer keins hat der braucht es und wer zu viel davon hat weiß nichts damit anzufangen; Seltsam wie hartnäckig sehr viele Menschen 'westlich' geprägter Zivilisationen darauf beharren möglichst viel Geld zu besitzen, anzuhäufen und sogar versuchen Menschen oder Ähnliches kaufen zu können, obgleich bereits bekannt und erlebt wurde und immer wieder erlebt wird, dass gerade diese Dinge im Leben, die wichtig sind wie: Gesundheit, Vertrauen, Liebe, Schutz, Verstand, Bildung, Vernunft, gute Gesellschaft, Ruhe, Gelassenheit und Fähigkeiten eben nicht käuflich sind. Gleichzeitig findet sich allerdings auch ein absurder Irrglaube, dass diejenigen Menschen, die einen am meisten lieben, dies auch bedingungslos tun, in der Regel jene sind, die einem am meisten Qualen bereiten, da sie im Kindesalter „experimentell" gemeinsam ihre Emotionen herausbildeten. Im Volksmund spricht man von innerfamiliären gegenseitigen Verletzungen - Traumatisierungen.

***

Ich erinnere mich an ein Zitat von André Kosto-
lany – einem sehr erfolgreichen Börsenspekulanten,
der immer wieder zu gefragt wurde nach einem pro-
phetischen Tipp für die weitere Entwicklung des Bör-
senmarktes, seine sehr weise und trockene Antwort
darauf lautete am Ende seines langen Lebens angekommen: „Investieren sie in die Bildung Ihrer Kinder!“

***

Die Geschichte über die Frau, den Mann das Kind und dem Esel

Eine Anekdote über den allzu häufig anzutreffenden missgünstigen Menschen und seine polemischen (Un)-Argumente gegen was oder wen auch immer:

Als sehr selten, wenig und sehr bedacht sprechender Mensch, ferner sehr gebildet und eloquent, immer nach Harmonie und Einklang suchend, traf ich auf dem Pfad meines bisherigen Lebens allzu viele missgünstigen Menschen, die seltsamerweise sich zum Ziel gemacht zu haben schienen, immer nur das Gegenteil von dem was man selbst sagte, zu sagen oder zu tun. Eine Art Trotz den man ja von Vorschulkindern, die im Begriff sind ihr sogenanntes „Selbst" zu bilden und zu entfalten, bereits kannte. Nun aber im mittleren Alter angekommen verwandelten sich plötzlich auch alle vermeintlich Erwachsenen zu solchen Trotzköpfen, die keinerlei Bildung, oder gar ein eigenes Rückgrat; Meinung, geschweige denn Argumente besaßen. Als Psychologe ausgebildet und mit einem beinahe fanatischen Hang zur Perfektion mit einer tiefen Liebe zur Erkenntnis selbst, neugierig, aufgeschlossen aber auch sehr vorsichtig, kritisch und immer bemüht eine diplomatische Haltung zu allen Mitmenschen und Erlebtem einzunehmen, stoß ich auf die logischen Grenzen des möglichen. Ich nenne es heute den orthogonalen Charakter von verschiedenen Geisteshaltungen. Um dies ein wenig besser zu verdeutlichen wähle ich eine bestimmt bereits uralte Anekdote, die den Sachverhalt des missgünstigen Menschen näher beleuchten vermag:

Eine kleine Familie des 20igsten Jahrhunderts bestehend aus Mutter, Vater, Kind und dem Packesel: In Verlauf der immerzu im Alltag zu erledigenden Unternehmungen hatte diese Kleinfamilie den immer gleichen Weg von ihrem Hause aus zum Feld, welches sie eben bewirtschaftete, stets den Dorfplatz zu durchqueren. An einem Tag gingen alle ihren Weg nach Hause zu Fuß, es gab auch keine Last zu tragen, da sie lediglich das Feld bestellt hatten. Als der missgünstige Mensch diese Familie sah, sagte er herablassend: Schau Dir diese dumme Familie an, sie haben einen Esel und niemand reitet auf Ihm An einem anderen Tag gingen alle wieder ihren Weg nach Hause diesmal aber war der Esel voll beladen mit Holz, welches sie nach dem Fällen eines toten Baumes zum heizen mit nach Hause brachten. Als der missgünstige Mensch dies sah, sagte er herablassend: Schau Dir diese dumme Familie an, sie sind faul und überhaupt nicht tierlieb der arme Esel so überladen. Wieder an einem anderen Tag gingen alle wieder ihren Weg nach Hause, diesmal aber ritt das Kind, was sich beim Spielen den Fuß verstauchte auf dem Esel. Der missgünstige Mensch sah dies und sagte prompt wieder herablassend: Schau Dir diese dumme Familie an, sie lassen das unmündige Kind auf dem Esel reiten, wie fahrlässig. An einem anderen Tag gingen alle wieder ihren Weg nach Hause diesmal ritt der Vater auf dem Esel, weil er nach schwerer Erntearbeit sich den Rücken verhoben hatte. Und wieder sah der missgünstige Mensch dies und sagte prompt herablassend: Schau Dir diesen dummen Macho an er lässt die arme Frau und Kind zu Fuß gehen und er selbst reitet ganz bequem auf dem Esel! An einem neuen Tag als die Frau zu krank zum arbeiten war, aber auch nicht alleine zu Hause sein wollte, ritt sie auf dem Esel und der missgünstige Mensch sah dies und sagte prompt wieder herablassend: Schau Dir diese dumme Familie an, ich sagte doch da hat die Frau die Hosen an. An einem Freitag wiederum, da war der Esel krank geworden und die Familie trug ihn auf der selbstgebauten Trage nach Hause, und als der missgünstige Mensch dies sah so sagte er wieder herablassend: Schau Dir diese dumme Familie an sie tragen den Esel, obwohl es ein Esel ist. Also einem missgünstigen Menschen wird man es niemals recht machen können, da er lediglich die anderen kränken und bloßstellen möchte.

Philosophische Fragen für Interessierte

Was ist wirklich wahr an dem was wir glauben zu wissen !

Wer stellt wem welche Informationen, in welcher Form zu Verfügung, um was genau zu erreichen?!

Wie könnte man, wenn man Authentizität möchte, in einer Gesellschaft voller Schauspieler sich und seine Mitmenschen überhaupt ernst nehmen?

Wer möchte wann was? Und können wirklich Alle alles haben, und das auch noch gleichzeitig!? Ohne zu kommunizieren passiert meist nur Unfug!?

Wie plötzlich Niemand mehr mit jemandem kommunizierte, obwohl jeder alle Kanäle zum kommunizieren zur Verfügung hat!? Monopoly und nun?

…was passiert, wenn wenige wirklich fast alles besitzen und die meisten Menschen darunter leiden!?

Wie aus einer leistungsorientierten Gesellschaft eine letharge, Gerontokratie wurde, in der lediglich das

Wahren von Besitzständen die einzige Priorität blieb. Haben wir wirklich schon genug!?

Kann es sein, dass wir zwar genug von Allem haben aber unsere Mitmenschen fehlen!?

Wer sind wir wirklich?! Können Menschen sich wirklich respektieren, wenn sie nicht imstande sind sich selbst zu respektieren … ?!

Woher kommt dieser Durst nach dem Schwachsinn; Trinken für den Seelenfrieden!?

Haben wir als Homo sapiens bisher nicht mehr gelernt?!

Traum & Trauma Was bedeutet es wirklich, wenn man jemanden berührt…?! …und wieso sind Menschen oft so sehr davon überwältigt …?!

Wer hört hier eigentlich wem zu und wieso sind nun alle plötzlich so ruhig!?

Zeitzeugenberichte eines Revolutionärs. In der dritten Revolution hatte ich die Schnauze voll … Von wem lassen wir uns hier eigentlich bevormunden!?

Und was soll das ganze Theater um nichts … ? … und wieder nichts … !?

Wem bin ich eigentlich wieso was genau Rechenschaft schuldig … ?!

Nachdem alle ihr Leben ruinierten wollten alle wissen wieso!?

„Schwamm drüber" ist positives Denken denn immer angebracht oder sollten wir zurück zur Realität finden...?!

Anhang II

Sarkastische Shortcuts für Fortgeschrittene

Als die Diagnose nicht zu meinem Weltbild passte und als der Monitor plötzlich so flach wie das Papier wurde

…Nachdem niemand mehr imstande war zu lesen, begann ich plötzlich zu schreiben oder heißt es, fing ich plötzlich an zu schreiben?!

Als die ewig gestrigen plötzlich das heute entdeckten

…Kann Wohlstand schädlich sein!? Nach 23 Jahren Selbststudium war ich plötzlich zu weit gegangen … !

Und als mich plötzlich alle wieder kennenlernen wollten, erinnerte ich mich nicht
mehr an das warum, ich war doch langweilig … !?

Wirkt Alkohol eigentlich auch in homöopathischen Dosen … ?

Als der, der immer log plötzlich die Wahrheit sagte … besser noch: Als der notorische Lügner plötzlich mit der Wahrheit herausrückte

Wenn sich plötzlich die nicht angesprochenen, angesprochen fühlen

… Nachdem der Clown einen anderen Clown traf und sie sich stritten …

Sind Menschen eigentlich recyclebar?!

Ist mein Gehirn eigentlich stärker als mein Herz?! Wenn Arteriosklerose Trend wird und die Fetten und Alten zu regieren beginnen …!?

Wohlstand als Pathologie – Wie viel von was ist genug!? Kann ich wirklich schneller essen als die Farmer produzieren …!?

Wie könnte mich jemand kennen, wenn ich mich doch ständig weiterentwickele … !

An dem Tag als die Fettleibigen, die sich nicht im Spiegel anschauen mochten, ihre Eitelkeit entdeckten. …

An dem Tag als alle von der Rolle waren und aus ihrer Rolle fielen …

Nun nachdem auch der letzte Wicht zu begreifen vermochte, …war der Alltag schon wieder real geworden …

Als die Guillotine plötzlich stumpf wurde, waren die Zuschauer gelangweilt …

Als derjenige, der frei von Angst war, alle anderen ängstigte …

Nachdem der Urlaub angebrochen war, waren zugleich auch alle schon enttäuscht …

Nun da wir lediglich die Freiheit wiedererlangten, die wir bereits früher hatten, waren sich alle nicht mehr sicher was so etwas wie Freiheit sei … ?!

Aufgeschriebene Selbstgespräche eines Intellektuellen

Nun da niemand mehr imstande war außer sich selbst und seine Selfies zu verstehen fing ich an Selbstgespräche zu führen… Mein Psychiater empfahl mir daraufhin es lieber schriftlich zu machen, dann hätten auch nachfolgende Generationen etwas davon …

Wenn das Fremdbild nicht zum Selbstbild passt, dann scheiß einfach drauf – Das Problematisieren als Geschäftszweig und Niederlassung von Ärzten und Polizisten…

Muss man wirklich immer für jeden Mist zu haben sein?! – Meine klare Antwort darauf lautet NEIN! Lass mich doch in Ruhe mit Eurem Schwachsinn

Als plötzlich die ungebildeten Schwachsinnigen sich einbildeten eloquent und geistreich zu sein, natürlich erst ab 2.0 Promille.

Nie wieder einen Schwachsinnigen Dialog zulassen, das ist meine neue Devise, genug ist genug, vom Hören-Sagen der ahnungslosen Vollidioten zu dem Halbwissen der Alkoholiker bis hin zum sogenannten

Frauenversteher, der aber leider impotent zur Welt kam.

Als die Emanzen plötzlich Kinder wollten und merkten, dass man dafür einen Mann braucht.

Als die verweichlichten Taugenichtse dachten sie seien wichtig und als der Opa von der Oma es mal wieder ganz genau zu wissen versuchte … Gefangen in der Gerontokratie

Verzeihung ich bin geistig nicht behindert und habe auch keine Laktose Intoleranz, darf ich dann trotzdem mit der U-bahn fahren… ?!? …Wie die vermeintlich diskriminierten in der Diskriminierung aller anderen glaubten die Lösung gefunden zu haben …!? Sind wir schon da… ?! Ist Demokratie fertig, ich hab endlich hunger!